Eine Bildreise

Toma Babovic/Irina Kaminiarz/Hans Lucke / Ellert & Richter Verlag

Klassisches Weimar

Classical Weimar / Weimar, la classique

Toma Babovic
geb. 1953 in Verden/Aller, studierte Architektur und Grafik-Design an der Akademie der Künste in Bremen. Seit 1989 freischaffender Fotodesigner in der Hansestadt. Im Ellert & Richter Verlag erschienen seine Bildreisen „Potsdam" und „Wanderung durch die Mark Brandenburg", „Thüringen" und „Auf Martin Luthers Spuren".

Irina Kaminiarz
geb. 1946 in Gerstungen/Thüringen. Studium der Germanistik, Slawistik sowie Ästhetik und Musikwissenschaft in Erfurt, Leipzig und Moskau. 1985 Promotion. Heute Hochschullehrerin in Weimar. Diverse Veröffentlichungen zur Weimarer Kultur- und Musikgeschichte. Im Ellert & Richter Verlag erschienen bereits „Goethes Weimar" und „Thüringen — Eine Bildreise".

Hans Lucke
geb. 1927 in Dresden. Schauspieler, Regisseur, Stückeschreiber. Engagements am Staatsschauspiel Dresden und am Deutschen Theater in Berlin. Er lebt in Weimar und ist freischaffend tätig. Im Ellert & Richter Verlag erschienen bereits „Goethes Weimar" und „Thüringen — Eine Bildreise".

Toma Babovic,
born in Verden/Aller in 1953, studied architecture and graphic design at the Bremen Academy of Arts. Has worked as a freelance photographic designer in Bremen since 1989. Ellert & Richter Verlag are the publishers of his pictorial journeys "Potsdam," "Tours round the March of Brandenburg," "Thuringia" and "On the Trail of Martin Luther."

Irina Kaminiarz
born in Gerstungen, Thuringia, in 1946, read German and Slavonic studies, aesthetics and musicology in Erfurt, Leipzig and Moscow, taking her PhD in 1985. She is now a university teacher in Weimar and has published a variety of work about Weimar's cultural and music history. Her books "Goethe's Weimar" and "Thuringia—A Pictorial Journey" were published by Ellert & Richter Verlag.

Hans Lucke
born in Dresden in 1927, is an actor, director and playwright who has worked at the Dresden Staatsschauspiel and the Deutsches Theater in Berlin. He lives in Weimar and works as a freelancer. His books "Goethe's Weimar" and "Thuringia—A Pictorial Journey" were published by Ellert & Richter Verlag.

Toma Babovic
Né en 1953, à Verden sur l'Aller. Etudes d'architecture et de design graphique à l'Académie des Beaux-Arts de Brême. Photodesigner free-lance dans cette ville hanséatique depuis 1989. La maison d'édition Ellert & Richter a publié ses voyages illustrés, «Postdam» et «Wanderungen durch die Mark Brandenburg» (Randonnées à travers la Marche de Brandebourg), de même que «Thüringen» et «Auf Martin Luthers Spuren» (Sur les traces de Martin Luther).

Irina Kaminiarz
Née en 1946 à Gerstungen, en Thuringe. Etudes de philologie allemande, de slavistique et de musicographie à Erfurt, Leipzig et Moscou. Obtention du doctorat en 1985. Enseigne aujourd'hui à l'université de Weimar. Publications diverses relatives à l'histoire de la civilisation et de la musique de la ville de Weimar. La maison d'édition Ellert & Richter a déjà publié ses livres «Goethes Weimar» ainsi que «Thüringen — Eine Bildreise»

Hans Lucke
Né à Dresde, en 1927. Acteur, metteur en scène, auteur de pièces de théâtre. Engagements à Dresde, au Staatsschauspielhaus, ainsi qu'au Deutsches Theater de Berlin. Il vit à Weimar et y travaille en tant qu'auteur free-lance. Ses ouvrages «Goethes Weimar» et «Thüringen — Eine Bildreise» ont paru à la maison d'édition Ellert & Richter.

Titel/Cover/Couverture:
Das Goethe-Schiller-Denkmal am Theaterplatz
The Goethe-Schiller Monument on Theaterplatz
Le monument érigé à la mémoire de Goethe et de Schiller, sur la place du Théâtre

Die Deutsche Bibliothek — CIP-Einheitsaufnahme
Klassisches Weimar = Classical Weimar/Toma Babović; Irina Kaminiarz; Hans Lucke. — Hamburg: Ellert und Richter, 1993
(Eine Bildreise)
ISBN 3-89234-462-0
NE: Babović, Toma; Kaminiarz, Irina; Lucke, Hans; PT

Text und Bildlegenden/Text and captions/Textes et légendes: Irina Kaminiarz und Hans Lucke, Weimar
Fotos/Photos/Photographie: Toma Babovic, Bremen
Übertragung ins Englische/English Translation/Traduction Anglaise: Paul Bewicke, Hamburg
Übertragung ins Französische/French Translation/Traduction Française: Michèle Schönfeldt, Hamburg
Karte/Map/Carte géographique: Buch- und Kunstdruckerei Kessler, Weimar
Lektorat/Editor/Lectorat: Iris Klein, Hamburg
Gestaltung/Design/Maquette: Hartmut Brückner, Bremen
Satz/Setting/Composition: KCS GmbH, Buchholz/Hamburg
Lithographie/Lithography/Lithographie: Lithographische Werkstätten Kiel, Kiel
Druck/Print/Impression: Klambt-Druck GmbH, Speyer
Bindung/Binding/Reliure: Hollmann GmbH, Darmstadt

Inhalt/Contents/Sommaire

Die Geschichte der Stadt beginnt nicht erst mit Johann Wolfgang von Goethe. In Ehringsdorf, jetzt zur Stadt gehörend, fand man Reste des Skeletts einer Frau aus der Zeit der Neandertaler. Der älteste Siedlungskern entstand auf einem Hügel, dem heutigen Standort der Jacobskirche. Die sumpfige Niederung der Ilm wurde von den Siedlern genutzt, um Nahrung zu finden, aber sie brachte auch Fieber und Krankheit. Darum bevorzugten die Menschen etwas höhere Lagen als Wohnstatt. Das frühmittelalterliche Weimar blieb abseits der großen Handelswege, also klein und ärmlich. Die wasserreiche Niederung gab dem Ort vermutlich seinen Namen, denn im Althochdeutschen heißt ein stehendes Gewässer „mari" oder „meri"; verbunden mit dem germanischen „wiha", heilig, bedeutet Weimar also: heiliges Wasser. Es wird ein längst versunkener Teich oder ein kleiner See gewesen sein, der als heidnisches Heiligtum galt. Vielleicht befand er sich dort, wo jetzt der Schwanseeteich im Weimar-Hallen-Park liegt.

Nachweislich als Stadt erwähnt wird Weimar nur indirekt, in einer Urkunde für das Kloster Oberweimar um 1250. Die Grafen von Orlamünde waren die Herren des Territoriums, etwa im Jahr 1373 traten die Wettiner an ihre Stelle. Die Weimarer zogen 1485 Nutzen aus der Spaltung des Hauses Wettin, weil die Ernestiner, die in Thüringen herrschen sollten, eine Residenz brauchten. Die Albertiner waren ja in Sachsen mit Meißen und Dresden wohlversorgt. So entstand dort, wo heute das Stadtschloß steht, eine Wasserburg; die Stadt selbst wurde befestigt. Einen Rest der Mauer und einen beachtlichen Wehrturm findet man heute noch am Goetheplatz. Der Kasseturm, wie er genannt wird, steht vor allem den Studenten zur Verfügung.

Erst Mitte des 16. Jahrhunderts wurde Weimar Sitz eines Fürsten, der durch einen verlorenen Krieg gegen Kaiser und Reich vom Kurfürsten zum Herzog degradiert worden war. Johann Friedrich von Sachsen (1503–1553) brachte seinen treuen Gefolgsmann Lucas Cranach (1472–1553) mit, den großen Maler der Reformation und Freund Martin Luthers. Mit ihm wohnte erstmals ein berühmter Künstler in der Stadt. Nur knapp zwei Jahre lebte er noch und schuf in dieser Zeit das herrliche Altargemälde in der Stadtkirche St. Peter und Paul, in der später Johann Gottfried Herder predigte.

Im Dreißigjährigen Krieg (1618–48), der Deutschland verwüstete und seine Bevölkerung in einigen Landesteilen auf ein Drittel reduzierte, hatte die Stadt einiges Glück. Zum einen war es die Lage abseits der großen Verkehrs- und Handelsstraßen, die auf einmal einen Vorteil darstellte, zum anderen besorgten ihr die Landesherren wirksame Schutzbriefe. Herzog Wilhelm war zeitweise Statthalter des Schwedenkönigs Gustav Adolf in Thüringen, sein jüngerer Bruder Bernhard erwarb sich Ruhm als Feldherr zunächst in schwedischen, dann in französischen Diensten. Innerhalb der Stadtmauern und davor lebten lange Zeit mehr Flüchtlinge als Einheimische.

Wie ein Vorzeichen künftigen Ruhmes der Stadt erscheint es, daß seit 1651 der „Palmenorden", eine Gesellschaft zur Pflege und Entwicklung der deutschen Sprache, in Weimar ihren Sitz hatte. In der Schloßgasse findet man immer noch ein Haus mit dem Wappen des Ordens, der Palme.

Anders als manche andere deutsche Stadt, entwickelte sich Weimar nach dem verheerenden Krieg ziemlich rasch; Kaufleute, Handwerker und Tagelöhner zogen zu, die Einwohnerzahl war bald doppelt so hoch wie vor dem Krieg, fast 5000 Menschen. Dennoch häufte sich nicht, wie nebenan in Erfurt etwa, bürgerlicher Reichtum; der Hof prägte die Stadt, die bis ins 19. Jahrhundert hinein eher ein Ackerbürgernest blieb. Das Stadtsäckel litt unentwegt an Unterernährung; Steuern zahlten die Bürger wenig. Haupteinnahmequelle des Magistrats war bezeichnenderweise: der Ratskeller.

Herzog Wilhelm Ernst (1662–1728) regelte vor 1700 seine Beziehungen zur Stadt, indem er kurzerhand seinen Kammerdiener zum Bürgermeister machte, dem nach Jahrzehnten dessen Sohn im Amt folgte. Den Bürgern wurde unter diesem Regiment die Lust am Dasein auf vielfältige Weise vergällt. Sonntags durfte nicht mehr Markt gehalten werden; selbst harmlose Volkstänze und anderer Brauch waren verboten. Vorgeschrieben wurden seitdem Kleidung, Speisen und Getränke sowie die Zahl der Gäste bei Familienfesten, sonntags durfte die Stadt nur in Ausnahmefällen verlassen werden. Immerhin zeigte der Fürst Interesse an der Entwicklung des Bildungswesens, er ließ 1696 im neu eröffneten Gasthof „Elephant"

The town's history doesn't just start with Johann Wolfgang von Goethe. In Ehringsdorf, now part of Weimar, the remains were found of the skeleton of a woman of the Neanderthal period. The core of the oldest settlement was built on a hill, on the site where St Jacob's church now stands. The marshy lowlands of the river Ilm served settlers as a source of food, but they also brought fever and disease. So people preferred to live on somewhat higher ground. In early mediaeval times Weimar was off the main trade routes, thus remaining small and poor. It is thought that the place derived its name from these watery lowlands, because in Old High German a still expanse of water is called a "mari" or "meri." Together with the Germanic word "wiha," or holy, Weimar thus means "holy water." It will have been a long-since sunken pond or a small lake holy to the heathens. Maybe it was on the spot in the Weimar-Hallen-Park where the Schwanseeteich lies today.

The first, indirect evidence of Weimar being mentioned as a town was in about 1250 in a document for the monastery of Oberweimar. The Counts of Orlamünde ruled the territory until they were replaced by the Wettins in around 1373. The people of Weimar benefited from the split in the house of Wettin in 1485 because the Ernestine branch, who were to rule in Thuringia, were in need of a capital. The Albertines, on the other hand, were well catered for in Saxony by the towns of Meissen and Dresden. Thus on the spot where the town palace now stands, a moated castle was built. The town itself was fortified. Still today the remains of the wall and a substantial defensive tower can be seen on Goetheplatz. The Kasseturm, as the tower is called, is now mainly used by students.

It was not until the beginning of the 16th century that Weimar became the seat of a prince, who had been reduced from the rank of Elector to Duke as the result of losing a war against emperor and empire. Johann Friedrich of Saxony (1503–1553) brought with him his loyal follower Lucas Cranach (1472–1553), the great Reformation painter and friend of Martin Luther. He was the first great artist to live in the town. He survived barely two more years and in this period created the magnificent altar painting in the church of SS Peter and Paul in the town, the same one in which Johann Gottfried Herder was later to preach.

During the Thirty Years War (1618—48), which devastated Germany and reduced the population in some parts of the country to a third of its former size, the town was lucky in various ways. For one, its location away from the main transport and trade routes suddenly became an advantage. For another, the reigning princes procured for it effective letters of protection. For a time Duke Wilhelm was the viceroy in Thuringia of the Swedish king Gustav Adolf, whilst his younger brother Bernhard won fame as a general, first in the service of Sweden and subsequently of France. For a long time there were more refugees than natives living both inside and outside the town walls.

The fact that from 1651 the "Palmenorden" or "Order of the Palm," a society for the cultivation and development of the German language, had its headquarters in Weimar seems to presage the town's future fame. Still today in Schlossgasse you can see a house embellished with the order's coat of arms, a palm tree.

Unlike many other German towns, after the devastating war Weimar developed quite rapidly. Merchants, artisans and day labourers moved there, and soon there were twice as many inhabitants as there had been before the war, almost 5,000 in all. Yet there was no accumulation of bourgeois wealth as there was, for example, in nearby Erfurt. The Court was the town's hallmark, yet it remained more or less a farming town until well into the 19th century. The town's coffers suffered constantly from undernourishment; the townspeople paid few taxes. Significantly, the town council's main source of income was the restaurant in the town hall cellar.

Sometime before 1700 Duke Wilhelm Ernst (1662—1728) regulated his relationship with the town by peremptorily appointing his personal servant mayor, to be succeeded in office a few decades later by his son. Under their regime the townspeople were robbed of many of the pleasures of life. No market was allowed to be held on Sundays. Even harmless folk dances and other customs were forbidden. From then on people were told what to wear, eat and drink and how many guests they could invite to family celebrations. On Sundays they were only allowed to

L'histoire de la ville ne débute pas dès lors que Johann Wolfgang von Goethe vient s'y installer. C'est à Ehringsdorf, partie aujourd'hui intégrante de la ville, que fut en effet retrouvé un squelette de femme, datant de l'ère où vécut l'homme de Néandertal. Le noyau de la première agglomération s'était constitué en haut d'une colline, sur l'emplacement actuel de la Jacobskirche (Eglise Saint-Jacques). Les rives marécageuses de l'Ilm, source de nourriture pour les colonisateurs, étaient également porteuses de fièvres et maladies. Aussi les habitants de cette région préférèrent-ils élire domicile sur les hauteurs. Le Weimar du début du Moyen Age demeura donc à l'écart des grandes voies commerciales, formant une localité de peu d'étendue et plutôt miséreuse. Il est permis de supposer que c'est de ce marécage que lui vint son nom. En ancien haut allemand, les eaux dormantes sont en effet appelées «mari» ou «meri»; si l'on y adjoint le vocable germanique «wiha», qui veut dire «sacré», Weimar signifie «eau sacrée». Il est possible qu'une mare ou un petit lac depuis longtemps disparus aient tenu lieu de sanctuaires païens. Peut-être se trouvaient-ils même à l'endroit où s'étend aujourd'hui le «Schwanseeteich» (Etang aux cygnes), dans l'enceinte du parc Weimar-Hallen.

Un document datant de 1250, relatif au monastère de Oberweimar fait pour la première fois mention de Weimar en tant que ville, même si ce n'est qu'indirectement. Les comtes de Orlamünde régnaient alors sur ce territoire et c'est en 1373 que la maison de Wettin leur succéda. Les habitants de Weimar tirèrent avantage de la division — en 1845 — de la Maison de Wettin, car la ligne Ernestine, qui devait dominer plus tard la Thuringe, avait besoin d'une résidence. Disposant de Meißen et de Dresde, la ligne Albertine, qui régnait sur la Saxe, était, elle, fort bien nantie. Ainsi donc une forteresse entourée de douves fut-elle édifiée là où se dresse aujourd'hui le Château; la ville fut ceinturée de remparts. On trouvera aujourd'hui encore des vestiges du mur d'enceinte et une tour de garde de dimensions appréciables en bordure de la Place Goethe. La tour dite «Kasseturm» est, elle, en grande partie réservée aux étudiants.

Mais ce n'est qu'au milieu du XVIe siècle que Weimar devint le lieu de résidence d'un prince relégué au rang de duc par le prince-électeur pour avoir perdu une guerre qu'il mena contre l'empereur et l'empire. Jean-Frédéric de Saxe (1503—1553) vint à Weimar en compagnie de son fidèle commensal, Lucas Cranach (1472—1553), grand peintre de la Réforme et ami de Martin Luther. C'est la première fois que la ville voyait apparaître en ses murs un artiste célèbre. Il n'avait plus que deux ans à vivre et créa,

pendant cette période, le splendide tableau d'autel de l'église Saint-Pierre-et-Paul où Johann Gottfried Herder devait prêcher plus tard.

La guerre de Trente Ans (1618—48) qui dévasta l'Allemagne et décima les deux tiers de sa population dans certaines parties du pays, épargna en grande partie la ville. Cela s'explique, d'une part, par le fait qu'elle se trouvait située à l'écart des grandes voies commerciales et des principaux axes de communication, situation qui, d'un coup, s'avérait à son avantage. D'autre part, les souverains qui la gouvernaient lui délivrèrent des saufs-conduits, en l'occurence fort efficaces. Le duc Guillaume fut, en effet, pendant un certain temps, gouverneur en Thuringe du roi de Suède, Gustave Adolf. Son frère puîné, lui, se couvrit de gloire en qualité de chef d'armée, en combattant sous le drapeau suédois, puis français. Un nombre bien plus élevé de réfugiés que d'autochtones vivaient alors dans l'enceinte de ses fortifications ou à l'extérieur de ces dernières.

Le fait que l'«Ordre des Palmes», société fondée dans le but de sauvegarder la langue allemande et d'en promouvoir l'évolution, ait élu son siège à Weimar dès 1651, semble présager de la célébrité que devait acquérir la ville. La palme, emblême de cet ordre, orne aujourd'hui encore une maison sise dans la Schloßgasse.

Contrairement à de nombreuses autres villes d'Allemagne, Weimar prit un essor relativement rapide après les dévastations causées par la guerre de Trente Ans. Elle vit affluer commerçants, artisans, travailleurs journaliers et le chiffre de la population atteignit bientôt le double de ce qu'il avait été avant la guerre, soit presque 5.000 personnes. Et pourtant, elle ne vit pas naître une bourgeoisie riche comme ce fut le cas, par exemple, de la ville d'Erfurt, toute proche. La cour imprima son sceau à la ville qui, jusqu'au XIXe siècle, demeura cependant un «patelin de terriens». Les administrés ne payant que peu d'impôts, les caisses de la municipalité étaient vides en permanence. La source principale de recettes des autorités municipales était — cela en dit long — le Ratskeller, la cave-restaurant de l'hôtel de ville.

Peu avant 1700, le duc Guillaume Ernst (1662—1728) régla ses rapports avec la municipalité en instituant maire de la ville son valet de chambre, sans autre forme de procès. Le fils de ce dernier lui succéda après plusieurs dizaines d'années. Sous sa houlette, les bourgeois de la ville se virent exposés à d'amères sanctions. Le droit de tenir un marché le dimanche fut abrogé; les danses folkloriques, même les plus inoffensives,

auf seine Kosten einen Freitisch für einen Lehrer und zwölf Schüler einrichten.

Das Geistesleben erfuhr auch anderweitige Förderung: Ein Archiv und eine Bibliothek entstanden, die erste Buchhandlung öffnete am Markt ihre Pforten. Im neuerstandenen Schloß, der „Wilhelmsburg", wurde eine Opernbühne eingebaut, 1708 wurde Johann Sebastian Bach als Hoforganist angestellt. Die despotischen Neigungen des Herzogs und das Selbstbewußtsein des jungen Musikers führten jedoch schließlich zur Trennung. Bach verließ, nachdem er eine Arreststrafe abgesessen hatte, die Stadt und ging nach Köthen.

Herzog Ernst August (1688—1748), der Nachfolger Wilhelm Ernsts, entwickelte Ehrgeiz in zweierlei Hinsicht. Weil er dem Kaiser Soldaten liefern wollte, um dafür General zu werden, mußte das Land teuer bezahlen. Da er zugleich von wahrer Bauwut befallen war, zahlte es noch einmal. Er ließ 20 Schlösser, Jagdhäuser und kleine Festungswerke errichten, die fast durchweg schnell verfielen. Eins aber steht immer noch und bildet mit den Parkanlagen und Nebengebäuden eine harmonische Einheit: das Rokokoschloß Belvedere. Da all das mit wachsender Verschuldung des Hofes einherging, griff der Herzog zu dem bewährten Mittel seines Vorgängers. Er forderte den Rat der Stadt auf, seinen Kammerdiener zum Bürgermeister zu ernennen und den Hoforganisten zu dessen Stellvertreter, um die Bürger zu schröpfen.

Nach dem Tod des Despoten kam der minderjährige Ernst August Konstantin auf den Thron, für ihn regierte Graf Bünau, ein Anhänger der Aufklärung. Er sorgte vor allem durch Abrüstung für den Abbau der Schulden. Da der Herzog jung starb, 1759, übernahm die Mutter des erst zweijährigen Thronfolgers, Anna Amalia (1739—1807), die Regentschaft, unterstützt von dem klugen Minister Jacob Friedrich Freiherr von Fritsch. Sie hatte durch Heirat von Braunschweig nach Weimar gewechselt. Ihr Sohn war jener Carl August, der, kaum daß er achtzehnjährig den Thron bestiegen hatte, den durch die Werke „Die Leiden des jungen Werther" und „Götz von Berlichingen" bekannten Johann Wolfgang von Goethe (1749—1832) nach Weimar einlud und zum Bleiben bewegen konnte.

Goethe wiederum zog den durch etliche gelehrte Schriften und beeindruckende Predigten bekannten Johann Gottfried Herder in die Residenz. Er stellte jedoch fest, das „wüste Weimar" sei bloß ein „Mittelding zwischen Hofstadt und Dorf". Tatsächlich liefen oft genug Schweine durch die Gassen, Dung lag überall herum, und während der Dunkelheit konnte man aus einem Fenster einen Schwapp aus dem Nachtgeschirr auf den Hut abbekommen.

Das Schloß war 1774 abgebrannt, der Hof logierte im „Fürstenhaus" — heute Sitz der Hochschule für Musik Franz Liszt —, das Essen mußte aus dem Gebäude vis-à-vis geholt werden. Der Goetheplatz war damals ein schmutziges Scheunenviertel, die Schillerstraße ein versumpfter Wassergraben der ehemaligen Stadtbefestigung. Der Neubau des Schlosses zog sich über 30 Jahre hin; das Scheunenviertel brannte inzwischen ab, dadurch entstand Platz für Bauten wie Posthalterei und Gasthof. Der Sumpfgraben wurde zu einer Promenade umgestaltet, „Esplanade" genannt. Auf deren einer Seite entstanden endlich auch Häuser, darunter jenes mit der gelben Fassade, in dem Friedrich von Schiller lebte und starb. An der Stelle des heutigen Café Sperling errichtete man ein Ballhaus, in dem auch Theater gespielt wurde.

Langsam, zögerlich wuchs die Stadt über die alten engen Grenzen hinaus, die Bevölkerung überschritt allmählich die Zahl von 6000 Einwohnern. Der vielleicht wichtigste Bau in dieser Zeit war nicht der schönste, das Theater sollte 1779 schnell und billig errichtet werden und glich darum eher einer Kunstscheune als einem Musentempel. Als der Kassenstand es erlaubte, wurde das Theater umgebaut und verschönert, aber 1825 brannte es vollständig ab. Goethe seufzte: „Das ist das Grab meiner Erinnerungen." In der Rekordbauzeit von sechs Monaten entstand ein neues, schöneres Theater, das bis in unser Jahrhundert große Aufführungen in Oper und Schauspiel sah. Es fiel 1907 keinem Brand, sondern dem Abriß zum Opfer, trotz des Protestes vieler Künstler und Kunstverständiger, die das historische Gebäude erhalten sehen wollten. In dem Neubau tagte 1919 die Nationalversammlung, die die erste parlamentarische Verfassung Deutschlands verabschiedete, weshalb man später von der „Weimarer Republik" sprach.

Nach Goethes Tod im Jahr 1832 schien die Residenz der Gefahr eines Dornröschenschlafes ausgesetzt. Es war Carl Augusts Enkel Carl Alexander, der als Großherzog dieser Gefahr entgegentrat: Ihm gelang es, Franz Liszt nach Weimar zu verpflichten. Der große Musiker verhalf der Hofkapelle und dem Theater zu neuem Glanz, sorgte für aufsehenerregende Ur- und Erstaufführungen — wie z. B. Richard Wagners

leave the town in exceptional circumstances. Nonetheless, the prince did show an interest in the development of education. In 1696 he had a free table for a teacher and 12 pupils instituted at his own expense in the newly-opened Elephant Inn.

Intellectual life also experienced encouragement from other quarters. An archive and a library were built, and the first bookshop opened its doors on the market square. The newly-built palace of Wilhelmsburg was equipped with an operatic stage, and in 1708 Johann Sebastian Bach was employed as court organist. However, the Duke's despotic leanings and the young musician's self-assurance finally led to a parting of the ways. After serving a period of imprisonment, Bach left the town and went to Köthen.

Duke Ernst August (1688—1748), Wilhelm Ernst's successor, developed ambitions in two directions. Because he wanted to supply the Emperor with soldiers in order to be made a general, the state had to pay dearly. Since at the same time he was overcome by a veritable building mania, it had to pay again. He had 20 palaces, hunting castles and small citadels built, nearly all of which fell rapidly into decay. But one is still standing, forming a harmonious whole with its parklands and outbuildings: the Rococo palace of Belvedere. Since all this was accompanied by ever-increasing court indebtedness, the Duke resorted to the tried and tested methods of his forebear. He demanded that the town council appoint his personal servant mayor and the court organist his deputy, so as to bleed the townspeople.

After the despot's death Ernst August Konstantin, still a minor, came to the throne. Count Bünau, a supporter of the Enlightenment, acted as his regent. He managed to reduce the debt, mainly through disarmament. Since the Duke died young, in 1759 the regency was assumed by Anna Amalia (1739—1807), mother of the successor to the throne, who was then only two years old. She was assisted by the clever minister Jacob Friedrich Freiherr von Fritsch. She had moved from Brunswick to Weimar by marriage. Her son was the selfsame Carl August who, immediately upon ascending to the throne at the age of 18, invited Johann Wolfgang von Goethe (1749—1832), already well known through his works "The Sorrows of Young Werther" and "Götz von Berlichingen," to come to Weimar, and succeeded in persuading him to stay there.

Goethe in turn brought Johann Gottfried Herder, famous for several learned writings and for his impressive sermons, to the capital. He, however, declared that "dreary

Weimar" was merely "somewhere in between a royal capital and a village." It is indeed true that often enough pigs could be seen running through the alleys, there was animal dung lying about everywhere and during the hours of darkness one was as likely as not to get the contents of a chamber pot splashed out of a window onto one's head.

When the palace burned down in 1774, the court took up quarters in the "Fürstenhaus," which now houses the Franz Liszt College of Music. Food had to be fetched from the building across the way. In those days Goetheplatz was a filthy slum and Schillerstrasse a boggy moat which had been part of the former town fortifications. It took over 30 years for the palace to be rebuilt. In the meantime the slum quarters burned down, making space for buildings like a staging post and inn. The moat was transformed into a promenade known as the "Esplanade." Along one side of it houses were built, among them the one with the yellow facade in which Friedrich Schiller lived and died. On the site occupied now by the Café Sperling they built a ballroom which was also used as a theatre.

Slowly and hesitantly the town grew beyond its original narrow boundaries and the population gradually came to exceed 6,000 in number. Perhaps the most important building at this time was not the most beautiful. In 1779 it was decided that the theatre should be built quickly and cheaply and thus it came more to resemble a barn for the arts than a temple of the muses. When finances permitted, the theatre was altered and improved, but in 1825 it completely burned down. Goethe sighed, "That is the grave of my memories." In a record time of 6 months a new, more beautiful theatre was constructed. This was the scene of magnificent operatic and theatrical performances right up to the present century. In 1907 it fell victim not to fire but to demolition, despite the protests of many artists and art connoisseurs who wanted to see the historic building preserved. The new building was the venue in 1919 of the national assembly which adopted Germany's first parliamentary constitution, leading people to speak later of the "Weimar Republic."

ainsi que d'autres coutumes furent interdites. Tenue vestimentaire, plats et boissons étaient désormais prescrits, de même que le nombre des invités aux fêtes de famille et le dimanche. Nul n'avait le droit de quitter la ville, sauf pour des raisons exceptionnelles. Toutefois, le prince manifesta un certain intérêt pour la promotion de l'enseignement: en 1696 il fit instituer la gratuité des repas pour un professeur et douze élèves mangeant à l'auberge de l'«Elephant», qui venait de s'ouvrir.

De nouvelles impulsions vinrent également enrichir la vie intellectuelle: des archives ainsi qu'une bibliothèque virent le jour et la première librairie ouvrit ses portes sur la place du Marché. Une scène d'opéra fut aménagée à l'intérieur du «Wilhelmsburg», château dont la reconstruction venait de s'achever et, en 1708, Johann Sebastian Bach fut engagé en qualité d'organiste de la cour. Toutefois, les penchants despotiques du duc se heurtèrent à l'amour-propre du jeune musicien et les deux hommes finirent par se séparer. Après avoir purgé une peine d'emprisonnement, Bach quitta la ville pour se rendre à Köthen.

L'ambition du duc Ernst Auguste (1688–1748), successeur de Guillaume Ernst, se manifesta de deux façons. D'une part, le pays dut payer cher le fait qu'il fournit à l'empereur des soldats dans le but de devenir général. D'autre part, il fut mis une deuxième fois à contribution en raison de la véritable furie de construction dont était animé ce duc. En effet, il fit bâtir 20 châteaux, des pavillons de chasse ainsi que de petites citadelles qui tombèrent presque tous en ruine en très peu de temps. L'un de ces ouvrages est cependant resté à la postérité, constituant, avec son parc et ses bâtiments annexes, un ensemble d'une parfaite harmonie: le château de Belvédère, érigé dans le style rococo. Ces divers projets s'accompagnant d'un endettement croissant de la cour, le duc eut recours à l'expédient de son prédécesseur, expédient qui s'était avéré si efficace. Afin de pouvoir mieux «saigner» les habitants, il intima au Conseil municipal l'ordre de nommer son valet de chambre bourgmestre de la ville et de faire de l'organiste de la cour son adjoint.

C'est Ernst Auguste Constantin, encore mineur, qui accéda au trône après la mort du despote. Le comte Brünau, adepte de l'«Aufklärung», la philosophie des lumières, assura la régence. Il s'efforça, avant tout, d'amortir les dettes en réduisant les effectifs militaires. Le duc étant mort jeune, en 1759, Anna Amalia (1739–1807), la mère de l'héritier du trône, qui n'était alors âgé que de deux ans, assuma la régence, forte du soutien de Jakob Friedrich Freiherr von Fritsch, ministre averti. De Brunswick, d'où elle était originaire, son mariage l'avait menée à Weimar. Son fils était le fameux Charles Augus-

te, qui, à peine monté sur le trône à l'âge de dix-huit ans, invita Johann Wolfgang von Goethe (1749–1832)– que ses œuvres «Les souffrances du jeune Werther» et «Götz von Berlichingen» avaient rendu célèbre — à venir à Weimar et le persuada d'y rester. De son côté, Goethe attira à la Résidence Johann Gottfried Herder, célèbre en raison des nombreux écrits savants dont il était l'auteur et de ses prêches saisissants. Il dut toutefois constater que le Weimar que l'on disait «débauché» n'était en réalité qu'une «chose intermédiaire entre une résidence de la cour et un village». En effet, les porcs déambulaient très souvent à travers les ruelles, du fumier recouvrait les rues de part en part et la nuit, dans l'obscurité, il pouvait arriver que l'on y soit aspergé du contenu d'un pot-de-chambre.

Après que le château eut brûlé, en 1774, la cour s'installa au «Fürstenhaus» — aujourd' hui siège du Conservatoire de Musique Franz Liszt —; les repas venaient du bâtiment situé en face. La Place Goethe était, à l'époque, un quartier boueux où se trouvaient des granges, la Schillerstraße un fossé rempli d'eau et nauséabond faisant partie des anciennes fortifications. La reconstruction du château prit plus de trente ans. Le quartier des granges ayant été la proie des flammes pendant cette période, divers bâtiments dont un relais de poste et une auberge purent être érigés sur l'ancien emplacement. Les douves furent aménagées sous forme de promenade, que l'on appela Esplanade. Des maisons d'habitation furent finalement construites sur l'un de ses côtés, dont celle à la façade jaune où vécut et mourut Friedrich Schiller. A la place de l'actuel café Sperling, s'élevait une maison où avaient lieu des bals et où étaient également représentées certaines pièces de théâtre.

Ce n'est que lentement que la ville déborda de ses anciennes et étroites limites et que la population commença à dépasser les 6.000 habitants. L'édifice peut-être le plus important que vit naître cette époque n'était pas le plus beau du genre. La construction du théâtre, en 1779, dut se faire rapidement et sans grandes dépenses, ce qui eut pour effet qu'il ressemblait plutôt à une grange qu'à un Temple des Muses. Lorsque l'état de la caisse le permit, il fut réaménagé et embellit, mais brûla intégralement en 1825. «C'est le tombeau de mes souvenirs», soupira alors Goethe. Un nouveau théâtre, plus beau encore, fut érigé dans le temps record de six mois seulement, théâtre où, jusqu'au XXe siècle eurent lieu d'importantes représentations du domaine de l'opéra et du théâtre. En dépit des protestations de nombreux artistes et des efforts entrepris par certains experts en matière d'art afin de sauvegarder ce bâtiment historique, il fut démoli en 1907 et non, cette fois, la proie des flammes. C'est

„Lohengrin" — und machte die Stadt zu einem Zentrum europäischen Musiklebens. Unter Großherzog Carl Alexander, der Goethe als Kind selbst erlebt und mit dessen Enkelin gespielt hatte, wurden aber auch andere Künste lebhaft gefördert: die bildende Kunst durch Einrichtung der Kunstschule und den Bau des Landesmuseums; die Literatur vor allem durch Bewahrung des Nachlasses der Klassiker, der gut aufgehoben und betreut wird im 1896 errichteten Goethe-Schiller-Archiv. Die Schillerstiftung, die Goethe-Gesellschaft und die Shakespeare-Gesellschaft wurden damals hier gegründet.

Um die Jahrhundertwende sorgten vor allem zwei Männer dafür, daß die Stadt nicht zum „Musenwitwensitz" (Heinrich Heine) verkam: Harry Graf Kessler und Henry van de Velde. Der gräfliche Diplomat und Kunstmäzen siedelte von Berlin in die kleine Residenz über, um hier Künstlern der Moderne zum europäischen Durchbruch zu verhelfen, so etwa Auguste Rodin und Edvard Munch. Das ging in der geistig beengten Atmosphäre, die immer eine Gefahr für allzu traditionsbewußte Orte ist, nicht ohne Skandal und Eklat ab. Der belgische Architekt gründete hier die Kunstgewerbeschule mit dem Ziel, Design und industrielle Fertigung miteinander zu verbinden. Der bedeutende Vertreter des Jugendstils hat nicht nur Harry Graf Kesslers Wohnung eingerichtet, Schöpfungen seines Stilwillens sind auch heute noch in der Stadt zu sehen; am augenfälligsten sind der Bau in der Geschwister-Scholl-Straße und das Nietzsche-Archiv in der Humboldtstraße.

Das Bauhaus wurde 1919 durch Walter Gropius gegründet, Namen wie Lyonel Feininger, Wassily Kandinsky, Oskar Schlemmer und viele andere sind eng damit verbunden. Die Institution wurde nur sechs Jahre in Weimar geduldet, 1925 mußte sie nach Dessau und Berlin umziehen. An der Vertreibung der Bauhäusler waren Leute beteiligt, die später maßgeblich den Kampf gegen „Kulturbolschewismus" und „Verjudung" betrieben, manifestiert in den Ausstellungen „Entartete Kunst" und „Entartete Musik". Weimar übernahm sogar die Rolle eines Vorreiters bei der „Säuberung" der Kunstsammlungen in Deutschland.

Von da war es nicht weit zur Umwandlung des großherzoglichen Marstalls in eine Gestapo-Leitstelle und zur Errichtung eines Konzentrationslagers auf dem nahen Ettersberg. Konsequent schien dann auch die Umgestaltung des Theaters in einen Rüstungsbetrieb, auf den, der gleichen Logik folgend, die Bomben fielen.

Sie trafen auch das Goethe-Wohnhaus am Frauenplan, zerstörten das Tempelherrenhaus im Ilm-Park und machten so manchen historisch wertvollen Bau zur Ruine. Das Landesmuseum blieb fast so unbeschädigt wie die Bauten des nationalsozialistischen „Gauforums" und wurde dennoch zur Ruine. Um das Nationaltheater für das Goethe-Jubiläum im Jahr 1949 wiederzuerrichten, holte man Material aus dem Museumsgebäude. Bald war der schöne historische Bau dem Verfall preisgegeben wie viele alte Häuser mit herrlichen Barockfassaden in den engen Straßen. Der Wiederaufbau des Hauses am Frauenplan und des Schillerhauses gelang in kurzer Zeit; das Interieur war ausgelagert gewesen, wie auch Kunstschätze und Archive. Das Doppeldenkmal der Dichter hatte die Bombardements überstanden, weil man es vorsorglich eingemauert hatte, man brauchte es nur freizulegen.

Heute sieht man die Bronzefiguren der Dichter in neuem Glanz, die Rettung des Landesmuseums schreitet voran, manche alte Fassade ist wiedererstanden und Neubauten fügen sich in historische Straßenzüge ein.

After Goethe's death in 1832 the capital seemed to be in danger of sinking into a long sleep. It was Carl August's grandson, Grand Duke Carl Alexander, who took up the challenge. In 1832 he succeeded in engaging Franz Liszt to come to Weimar. The great musician helped the court orchestra and the theatre to scale new heights, managed to secure spectacular first performances and world premières like that, for example, of Richard Wagner's "Lohengrin," and turned the town into a centre of European musical life. But under Grand Duke Carl Alexander, who had known Goethe as a child and had played with the writer's grandson, other arts too were vigorously promoted: the fine arts by the founding of the Art School and the building of the State Museum; literature above all by preserving the literary remains of the classical writers, which are well housed and looked after in the Goethe-Schiller Archive, built in 1896. The Schiller Foundation, the Goethe Society and the Shakespeare Society were also founded here during that period.

Around the turn of the century it was two men above all who made sure that Weimar did not decline into what Heinrich Heine described as a "home of bards' widows" — Count Harry Kessler and Henry van de Velde. The former, an aristocratic diplomat and patron of the arts, moved from Berlin to the small provincial capital in order to assist artists of the modern age like Auguste Rodin and Edvard Munch to achieve the breakthrough into Europe. In the cramped intellectual atmosphere which is always a danger in places which are all too conscious of tradition, this did not take place without a certain amount of scandal and commotion. The Belgian architect van de Velde founded the School of Arts and Crafts here with the aim of combining design with industrial manufacture. A distinguished exponent of Jugendstil, he did not only equip and furnish Count Kessler's apartment: some creations of his distinctive style can still be seen in the town today. Most eye-catching are the building in the Geschwister-Scholl-Strasse and the Nietzsche Archive in Humboldtstrasse.

The Bauhaus was founded in 1919 by Walter Gropius. Names like Lyonel Feininger, Wassily Kandinsky, Oskar Schlemmer and many others are closely associated with it. It was tolerated for only six years in Weimar and in 1925 was forced to move to Dessau and Berlin. Those responsible for driving out the Bauhaus later became leading lights in what they termed the battle against "Cultural Bolshevism" and "Judaisation" as manifested in the exhibitions "Decadent Art" and "Decadent Music." Weimar even assumed a vanguard role in the "cleansing" of art collections in Germany.

From there it was not far to the transformation of the Grand Duke's royal stables into a Gestapo headquarters and the building of a concentration camp on the nearby Ettersberg. It then seemed consistent for the theatre to be transformed into an armaments factory which was subsequently, following the same logic, bombed.

The bombs also fell on Goethe's residence in Frauenplan, destroyed the Tempelherrenhaus in the Ilm park and reduced many a building of historic value to ruins. Like the buildings of the National Socialist "Gauforum" or district forum, the State Museum escaped almost undamaged, and yet was still to degenerate into a ruin. In order to rebuild the National Theatre for the Goethe Jubilee in 1949, material was taken from the museum building. Soon the lovely historic building was left to decay, as were many old houses with magnificent Baroque facades in the narrow streets. Rebuilding of the house on Frauenplan and of Schiller's house was achieved within a short time: the interior had been put into store, as had artistic treasures and archives. The monument to the two poets had survived the bombing because people had taken the precaution of walling it in. It only had to be uncovered again.

When the demonstrations reached their peak, even before the GDR leadership had stepped down, the two poets bore a sign carrying the threat "We're staying here!"

Today the bronze figures of the two poets can be admired in new splendour, the restoration of the State Museum is proceeding apace, many an old facade has been restored and new buildings are being merged into the historic streets.

dans le nouveau bâtiment que l'Assemblée nationale tint ses séances et adopta, en 1919, la première Constitution que se donna l'Allemagne; ainsi a-t-on pu parler, plus tard, de République de Weimar.

Goethe étant mort, la Résidence risquait de s'endormir comme la Belle au Bois dormant et de sombrer dans l'oubli. C'est le petit-fils de Charles Auguste, le grand-duc Charles Alexandre, qui releva le défi: il réussit à convaincre Franz Liszt de venir à Weimar et l'y engagea. Cet éminent musicien redonna un nouvel éclat à la Hofkapelle et au théâtre et de spectaculaires premières, tel le «Lohengrin» de Richard Wagner, eurent lieu sous son égide. Il fit de la ville un centre de la vie musicale européenne. Sous le règne du grand-duc Charles Alexandre qui avait connu Goethe dans son enfance et joué avec les petits-fils de ce dernier, d'autres domaines artistiques se virent l'objet d'un encouragement notoire: les beaux-arts, du fait de la fondation de L'Ecole des Beaux-Arts et de la construction du Landesmuseum (Musée régional), mais aussi la littérature. La sauvegarde des œuvres des auteurs classiques fut en effet confiée au soin des Archives Goethe-Schiller, créées en 1896. C'est en cette ville que la Fondation Schiller, la Société Goethe et la Société Shakespeare virent également le jour.

On doit à deux hommes d'avoir empêché, à la fin du siècle passé, que cette ville ne devienne ce que Heinrich Heine appela «le siège des veuves des muses»: Harry Graf Kessler et Henry van de Velde. Le premier, comte et diplomate de métier, mécène de surcroît, quitta Berlin pour venir s'installer dans la petite Résidence, et y faire triompher des artistes de l'art moderne, tels que Auguste Rodin et Edvard Munch. Dans l'atmosphère étouffante et l'étroitesse d'esprit auxquelles sont toujours exposées les villes conscientes de leur tradition, cela n'alla pas sans provoquer scandales et éclats. L'architecte belge van de Velde y fonda, lui, la Kunstgewerbeschule (Ecole des Arts décoratifs). Son intention était de conjuguer design et fabrication industrielle. Cet éminent représentant de l'Art Nouveau n'a pas fait qu'aménager l'appartement de Harry Graf Kessler; des manifestations de son style se retrouvent, aujourd'hui encore, en divers endroits de la ville. Les plus marquantes sont le bâtiment se situant dans la Geschwister-Scholl-Straße et celui renfermant les archives Nietzsche, Humboldtstraße.

Le Bauhaus y fut constitué en 1919 par Walter Gropius et des artistes tels que Lyonel Feininger, Wassily Kandinsky, Oskar Schlemmer ainsi que de nombreuses autres personnalités sont étroitement liés à cette Ecole d'Architecture et d'Art. Elle ne fut toutefois tolérée que pendant six ans à Weimar et dut fermer ses portes en 1925 pour aller s'installer à Dessau et Berlin. Ceux mêmes qui chassèrent les artistes du Bauhaus combattirent plus tard avec acharnement ce qu'ils appelèrent le «bolchévisme culturel» et le «noyautage des arts par les juifs». Ils organisèrent les expositions que furent le «Entartete Kunst», «l'art dégénéré» et la «Entartete Musik», la «Musique dégénérée». Weimar prit même la tête du mouvement pour ce qui est de l'«épuration» des musées en Allemagne.

De là à transformer les écuries royales (Marstall) du grand-duc en poste de chef de réseau de la Gestapo et à aménager un camp de concentration sur la colline d'Ettersberg, toute proche, il n'y avait plus qu'un pas. La transformation du théâtre en une usine d'armement semblait être également dans la logique des choses, usine qui, comme le veut effectivement cette dernière, fut l'objet des bombardements de la dernière guerre.

Les bombes n'épargnèrent pas non plus la maison où vécut Goethe, en bordure du Frauenplan. Elles anéantirent également le Temple de l'enceinte du parc de l'Ilm et réduisirent en cendres nombre de bâtiments historiques d'importance. Le Landesmuseum resta presque intact de même que les bâtiments du «Gauforum» national-socialiste mais il finit, lui aussi, par tomber en ruine. Afin de reconstruire le Théâtre National pour les fêtes commératives de la naissance de Goethe en 1949, on se servit, en effet, des différents bâtiments du musée comme matériaux de construction. Ce bel édifice historique se délabra de plus en plus, tout comme un grand nombre des vieilles maisons dotées de magnifiques façades de style baroque bordant les étroites ruelles de la ville. La reconstruction de la maison de Goethe, sur le Frauenplan, ainsi que de celle de Schiller n'exigèrent que peu de temps car l'intérieur et les trésors d'art qu'elles renfermaient, de même que les archives avaient été auparavant transportés en lieu sûr. Le monument élevé aux deux poètes avait survécu aux bombardements pour avoir été préalablement emmuré par mesure de précaution. Il ne fut besoin que de le délivrer de son carcan.

Les statues de bronze des poètes brillent aujourd'hui d'un nouvel éclat, la réfection du Landesmuseum progresse, nombre de façades ont retrouvé leur visage d'antan et de nouveaux bâtiments sont venus s'intégrer à la structure historique de certaines rues.

Am Rande des Ilm-Parks
erblickt man das Haus der
Charlotte von Stein, die
durch Goethes Liebe der
Nachwelt bekannt wurde.
Im Hintergrund ist der
Turm des Stadtschlosses zu
sehen, rechts hinter den
Bäumen erkennt man die
Anna-Amalia-Bibliothek.

At the edge of the Ilm
Park one catches sight of
the house of Charlotte von
Stein, known to posterity
because of Goethe's love
for her. In the background
are the towers of the
Stadtschloss, and on the
right behind the trees you
can see the Anna Amalia
Library.

En bordure du Parc de
l'Ilm, on aperçoit la maison de Charlotte von Stein
que l'amour que lui por-
tait Goethe immortalisa. A
l'arrière-plan, se dresse la
tour du Château; à droite,
dissimulée par les arbres,
la Bibliothèque Anna-
Amalia.

In dem etwas düster wirkenden Bau des Goethe-Schiller-Archivs von 1896 werden unermeßliche Schätze aufbewahrt, Handschriften, die nicht allein von Goethe und Schiller stammen. Das größte deutsche Literatur-Archiv umfaßt 120 Nachlässe von Dichtern und Gelehrten; auch das Nietzsche-Archiv ist nach 1945 hier untergebracht worden.

The somewhat austere building of the Goethe-Schiller Archive, built in 1896, is a storehouse of immense treasures, housing manuscripts not only from the hands of Goethe and Schiller. Germany's biggest literary archive holds the legacy of 120 writers and men of letters. They were joined after 1945 by the Nietzsche Archive.

Les Archives Goethe-Schiller, un bâtiment d'aspect relativement austère érigé en 1896, renferment des manuscrits d'une valeur inestimable qui ne sont d'ailleurs pas tous issus de la plume de Goethe et de Schiller. Ces archives, les plus vastes qui soient en Allemagne, comprennent 120 œuvres posthumes de différents écrivains et de savants. Les Archives Nietzsche y ont également été aménagées après 1945.

Die frühere Herzogliche
Bibliothek trägt heute den
Namen der Frau, die
durch die Umgestaltung
des „Grünen Schlosses"
zur Bibliothek (1761–66)
die wertvollen Buchbestän-
de vor dem großen Schloß-
brand des Jahres 1774 be-
wahrte: Herzogin Anna
Amalia. Unter Goethes
Oberaufsicht wurde der
Bestand verdoppelt; seiner
Anregung folgend verband
man den alten Turm der
Stadtbefestigung mit dem
Bibliotheksbau.

The former ducal library
nowadays bears the name
of the woman who, by
transforming the "Green
Palace" into a library
(1761–66), saved the
valuable book collection
from the great palace fire
of 1774: Duchess Anna
Amalia. Under Goethe's
supervision the collection
was doubled in size, and it
was his suggestion that the
old tower of the town fortifications be linked to the
library building.

L'ancienne bibliothèque
ducale porte aujourd'hui le
nom de la femme qui, en
transformant le «Château
Vert» en bibliothèque
(1761–66) sauva du grand
incendie de 1774 les pré-
cieux volumes qu'elle ren-
fermait: duchesse Anna
Amalia. Le patrimoine de
livres augmenta du double
sous l'égide de Goethe.
C'est à son initiative que
l'ancienne tour du mur
d'enceinte fut reliée au
corps de bâtiment de la
Bibliothèque.

Dieser Saal der Anna-Amalia-Bibliothek ist ein Meisterwerk des deutschen Rokoko. Hier wurde am 7. November 1825 das 50jährige Jubiläum Goethes Dienstantritt in Weimar gefeiert. Für dieses Ereignis konnte kein würdigerer Rahmen gefunden werden, denn an diesem Ort sind Kunst und Literatur eng miteinander verbunden.

This hall in the Anna Amalia Library is a masterpiece of German Rococo. Here on 7 November 1825 Goethe celebrated the golden jubilee of his service in Weimar. There could be no more fitting backdrop to such an event than a place where art and literature are so closely bound together.

Cette salle de la Bibliothèque Anna-Amalia est un chef d'œuvre du rococo allemand. C'est là que, le 7 novembre 1825, fut célébré le cinquantième anniversaire de l'entrée en fonction de Goethe à Weimar. On ne peut imaginer un cadre plus digne de cet événement, l'art et la littérature y étant en profonde communion.

Die Treppe im Turm in
der Anna-Amalia-
Bibliothek vermittelt eine
Vorstellung von der Ver-
bindung „Schönheit und
Zweck", die einen geistigen
Grundwert der deutschen
Klassik prägte. Mit nahezu
einer Million Büchern ist
diese Bibliothek heute eine
Schatzkammer Europas.

The staircase in the tower
of the Anna Amalia Libra-
ry conveys an impression
of the combination of
"beauty and function" that
was a hallmark of one of
the fundamental intel-
lectual values of German
Classicism. With its collection of almost a million
books this library is
nowadays one of the
treasure houses of
Europe.

L'escalier de la Tour de la
Bibliothèque témoigne des
valeurs fondamentales du
classicisme allemand: la
synthèse de la beauté et de
la fonction. Le nombre
élevé des livres que ren-
ferme la Bibliothèque —
environ un million — en
font l'un des écrins du
trésor culturel de l'Europe.

Vor dem Fürstenhaus steht
das Denkmal des Herzogs
Carl August, der hier nach
dem großen Schloßbrand
lange Zeit mit seiner
Familie lebte. Das schöne
Gebäude beherbergt heute
die Musikhochschule
„Franz Liszt".

In front of the Fürsten-
haus stands the monument
to Duke Carl August, who
lived here for a long time
with his family after the
great palace fire. The
lovely building now houses
the Franz Liszt Academy
of Music.

Face à la résidence prin-
cière se dresse le mo-
nument élevé à la mé-
moire du duc Charles
Auguste qui, après le
grand incendie qui ravagea
le Château, y vécut avec
sa famille pendant une
longue période. Ce bel
édifice abrite aujourd'hui
le Conservatoire de Mu-
sique «Franz Liszt».

Die großzügige Treppen-
anlage im Stadtschloß,
eine Schöpfung des Archi-
tekten Heinrich Gentz, ist
eine der schönsten des
deutschen Klassizismus.
Hier empfing Herzogin
Luise Napoleon nach der
Schlacht bei Jena im Jahre
1806 und beeindruckte den
grollenden Sieger mit ihrer
Standhaftigkeit und
Würde.

The grandly proportioned
staircase in the Stadt-
schloss, created by the
architect Heinrich Gentz,
is one of the loveliest of
the German Classical
period. Here Duchess
Luise received Napoleon
after the Battle of Jena in
1806, impressing the
wrathful victor by her
steadfastness and dignity.

L'escalier de vaste enver-
gure du Château, œuvre
de l'architecte Heinrich
Gentz, est l'un des plus
beaux du néo-classicisme
allemand. C'est ici que la
duchesse Luise accueillit
Napoléon en 1806, à
l'issue de la bataille
d'Iéna, faisant grande impression sur le vainqueur
bilieux par sa dignité et
son stoicisme.

Großherzogin Maria Pawlowna ließ im Stadtschloß zum Andenken an Johann Wolfgang von Goethe, Friedrich Schiller, Johann Gottfried Herder und Christoph Martin Wieland die „Dichterzimmer" gestalten. Das Foto zeigt den dem Dichter Schiller gewidmeten Raum mit Gemälden, die Szenen aus seinen Dramen darstellen. Man erkennt unter anderem Maria Stuart und Elisabeth I. sowie die Jungfrau von Orleans.

Grand Duchess Maria Pavlovna established the "Poets' Rooms" in the palace in memory of Johann Wolfgang von Goethe, Friedrich Schiller, Johann Gottfried Herder and Christoph Martin Wieland. This photograph shows the room dedicated to Schiller, with paintings depicting scenes from his plays, including among others Mary Stuart with Elizabeth I, and the Maid of Orléans.

La grande-duchesse Maria Pavlovna fit aménager les «chambres des poètes» à la mémoire de Johann Wolfgang von Goethe, Friedrich Schiller, Johann Gottfried Herder et Christoph Martin Wieland. La photographie représente la pièce vouée à Schiller, pièce ornée de tableaux représentant des scènes tirées de ses drames. On y reconnaît, entre autres, Marie Stuart et Elisabeth Ière ainsi que la Pucelle d'Orléans.

Lucas Cranach, der große Maler der Reformation und Freund Martin Luthers, schuf das dreiteilige Altargemälde in der Stadtkirche St. Peter und Paul, die nach ihrem stimmgewaltigen Prediger auch Herder-Kirche genannt wird.

Lucas Cranach, the greatest Reformation painter and friend of Martin Luther, created the altar triptych in the church of SS Peter and Paul, also known as Herder Church, after its powerful preacher.

Lucas Cranach, grand peintre de la Réforme et ami de Martin Luther, peignit le triptyque surmontant l'autel de l'église Saint-Pierre-et-Paul, également appelée Eglise Herder, d'après le prédicateur à la voix tonitruante.

Das Deutsche National-
theater wurde 1906 an-
stelle des alten Baues
errichtet, wo Goethe Jahr-
zehnte als Direktor gewirkt
hatte. 1919 tagte die Nationalversammlung hier;
1949, nach der Wieder-
errichtung des im Krieg
zerstörten Hauses, hat
Thomas Mann an diesem
Ort gesprochen. Das
Doppeldenkmal der Dich-
ter Goethe und Schiller,
geschaffen von dem Bild-
hauer Ernst Rietschel,
wurde 1857 eingeweiht.

The German National
Theatre was constructed in
1906 to replace the old
building where for decades
Goethe was Director. In
1919 the National Assem-
bly met here. In 1949,
after the rebuilding of the
theatre, which had been
destroyed in World War II,
Thomas Mann spoke here.
The double monument to
the writers Goethe and
Schiller, the work of the
sculptor Ernst Rietschel,
was dedicated in 1857.

Le Deutsches National-
theater fut érigé en 1906
sur l'emplacement de l'ancien bâtiment où Goethe
œuvra pendant des dizai-
nes d'années en qualité de
directeur de théâtre. C'est
en 1919 que l'Assemblée
nationale y tint ses séances. En 1949, après la reconstruction du bâtiment
détruit au cours de la dernière guerre, Thomas
Mann y prononça un dis-
cours demeuré célèbre. Le
double monument élevé à
la mémoire de Goethe et
de Schiller est l'œuvre du
sculpteur Ernst Rietschel
et fut inauguré en 1857.

Der Belgier Henry van de Velde brachte um die Jahrhundertwende frischen Wind in die von Erstarrung bedrohte Residenz. Dieser Bau entstand 1904 als „Kunstgewerbeschule". Er ist ein Beispiel der Bemühung, einen vollkommen eigenen Stil zu entwickeln. Heute ist das Gebäude als das „Weimarer Bauhaus" bekannt.

Around the turn of the century the Belgian Henry van de Velde brought a breath of fresh air to a capital threatened with stagnation. This building was erected in 1904 as a school of arts and crafts. It is an example of his effort to create a completely personal style. The building ist now known as the "Weimarer Bauhaus".

Au début du siècle, le Belge Henry van de Velde vint réanimer cette résidence qui menaçait de s'engourdir. Le bâtiment représenté ici fut édifié en 1904 pour devenir la «Kunstgewerbeschule» (Ecole des Arts décoratifs). Il est un exemple réussi des efforts visant à créer un style architectural parfaitement inédit à l'époque. Cet édifice est connu aujourd'hui sous le nom de «Weimarer Bauhaus».

Henry van de Velde gestaltete die Villa zum Archiv um, in der Friedrich Nietzsche seine letzten Lebensjahre verbracht hatte. Elisabeth Förster-Nietzsche, die Schwester des Philosophen, hat mit großem Ehrgeiz zahlreiche Manuskripte zusammengetragen und zusammengehalten, die ihr Bruder hinterließ.

Henry van de Velde transformed into an archive the villa where Friedrich Nietzsche had spent the last few years of his life. The philosopher's sister, Elisabeth Förster-Nietzsche, showed great determination in gathering and keeping together the numerous manuscripts left by her brother.

Henry van de Velde transforma en archives la villa où Friedrich Nietzsche passa les dernières années de sa vie. Elisabeth Förster-Nietzsche, sœur du philosophe, a compilé avec une ardeur incomparable les nombreux manuscrits que son frère légua à la postérité.

Die Denkmalgruppe von
Fritz Cremer — elf über-
lebensgroße Bronzefigu-
ren — erinnert an die Lei-
den und den Widerstand
der Häftlinge des Konzen-
trationslagers Buchenwald.
Der weithin sichtbare
Glockenturm birgt eine
Urnengruft mit Asche von
Opfern aus anderen
Lagern.

This monumental sculp-
ture group by Fritz
Cremer—eleven larger-
than-life-sized bronze
figures—serves as a reminder of the suffering and
resistance of prisoners in
Buchenwald concentration
camp. The camp's bell-
tower, visible from a di-
stance, houses a vault con-
taining urns with the ashes
of other concentration
camp victims.

Le groupe de sculptures
réalisé par Fritz Cremer
— onze figures de bronze
plus grandes que nature —
rappelle les souffrances et
la résistance opposée par
les prisonniers du camp de
concentration de Buchen-
wald. La tour d'horloge,
visible de loin, renferme
un caveau où reposent les
cendres des victimes
d'autres camps de concen-
tration.

Ein Tourist soll auf die Frage, wo er das Goethe-Denkmal finde, die Antwort bekommen haben: „Goethe? Das sind eigentlich zweie." Wenn der Fremde in Weimar einen Einheimischen um Auskunft bittet, muß er Zeit mitbringen. Die Antwort fällt selten knapp oder gar einsilbig aus.

Falls Sie nun auf dem Theaterplatz vor dem Goethe-Schiller-Denkmal stehen, nehmen Sie sich ruhig die Zeit, etwas genauer hinzusehen. Dabei erfahren Sie tatsächlich etwas über den einzelnen und das Verhältnis der Dichter zueinander. Der mit beiden Füßen fest auf dem Boden stehende Goethe richtet den Blick aufs Irdische und hält den Lorbeerkranz fest im Griff; Schillers Blick schweift ab in ideellen Sphären, aber seine Hand greift sachte nach dem Kranz — Goethes Linke ruht auf Schillers Schulter, das ist die ganze Gemeinsamkeit. Sie verstanden und halfen einander, das ist richtig, aber ihre Positionen waren in mehrfacher Hinsicht zu unterschiedlich, als daß es eine Freundschaft im üblichen Sinn sein konnte.

Johann Wolfgang von Goethe wurde am 28. August 1749 in der Freien Reichsstadt Frankfurt am Main geboren; sein Vater war ein wohlhabender Bürger und Ratsherr. Die Ahnen väterlicherseits kamen aus Thüringen. Der Knabe wurde vom Vater wie auch von Hauslehrern unterrichtet, zeigte früh Empfindsamkeit und den Hang zu poetischer Äußerung.

Nach dem Studium in Leipzig — woran manche Passage im Faust erinnert, besonders die Studentenszene in „Auerbachs Keller" — und dem Abschlußexamen in Straßburg (1770/71) folgten die Tätigkeit am Reichskammergericht zu Wetzlar und der gescheiterte Versuch, in Frankfurt eine eigene Anwaltskanzlei zu führen. In diesen Jugendjahren entstanden bereits Dichtungen von europäischer Wirkung: der „Götz von Berlichingen", ein Geschichtsdrama, in dem das Shakespeare-Vorbild nachwirkt, das Drama „Egmont" und erste Szenen zum „Faust", mit dem er sein Leben lang befaßt blieb. Nur acht Tage brauchte er, den „Clavigo" zu schreiben.

Ununterbrochen betrieb Goethe Studien, während der Begegnung mit Johann Gottfried Herder vor allem auf dem Gebiet der Volkspoesie und der deutschen Gotik (Straßburger Münster). Daraus wiederum resultierten Balladen und Gedichte: „Wanderers Sturmlied", „Prometheus" und „Ganymed". Aus einer unglücklichen Liebe entstand der Roman „Die Leiden des jungen Werther". Als Goethe 1775 nach Weimar kam, war er ein berühmter Autor, betrachtete sich selber aber keineswegs als solchen.

In Weimar wirkte er mit unglaublicher Tatkraft an Projekten mit und bekleidete verschiedene Ämter: Als Vertrauter des Herzogs kümmerte er sich um Wegebau und Bergwerke, um die in Deutschland berühmte herzogliche Bibliothek, um die Universität Jena, um Parkgestaltung und das Theater und nicht zuletzt um die Sanierung der Staatsfinanzen. Sie gelang ihm durch radikale Einsparungen im Militäretat. Wie er nebenbei noch Kraft und Zeit fand, Meisterwerke zu schreiben, bleibt beinahe ein Rätsel. Und doch entstanden Balladen wie der berühmte „Erlkönig", der erste Teil des „Wilhelm-Meister"-Romans und vor allem das Schauspiel „Iphigenie", die erste große Botschaft im Geist des klassischen Humanismus.

1786 trat Goethe die große Italienreise an. Nach der Heimkehr 1788 enthielt er sich der Staatsgeschäfte weitgehend, widmete sich aber tatkräftig den Kunstinstitutionen des Landes. In dieser Zeit entstand der Kontakt zu Friedrich Schiller, der anregende Gedankenaustausch, dem vor allem der Fortgang der Arbeit am „Faust" zu verdanken ist. Der Briefwechsel beider über Jahre hinweg ist immer noch hochaktuelle Lektüre für den, der sich ernsthaft für Kunst und Literatur interessiert.

Schillers Tod traf Goethe schwer. Der nun Alternde vertiefte sich mehr und mehr in das Studium der Naturwissenschaft, schuf den ersten deutschen Gesellschaftsroman von Weltgeltung, „Die Wahlverwandtschaften", und publizierte seine Lebenserinnerungen. Vor allem aber arbeitete er weiter an seinem Lebenswerk, dem „Faust", den er kurz vor seinem Tod vollendete. Goethe starb am 22. März 1832.

Friedrich Schiller wurde am 10. November 1759 in Marbach, Schwaben, geboren. Da der Vater Offizier war, wurde sein Sohn Zögling der Militärschule des Herzogs von Württemberg, um später Regimentsarzt zu werden. Er entfloh, achtzehnjährig, der despotischen Anstalt; sein erstes Drama, „Die Räuber", stand nicht umsonst unter dem Motto: „In Tyrannos!". Das Stück machte die „Sturm-und-Drang-Dichtung" um einen Riesenerfolg reicher. In Mannheim fand Schiller Asyl und Förderung durch einen Theaterintendanten. Es entstand „Kabale und Liebe", ein dramatischer Protest gegen den deutschen Absolutismus. Aber auch aus Mannheim mußte der Dichter fliehen, zuerst nach Bauerbach, nahe Meiningen, später nach Dresden. Seine Erlebnisse dort mögen beigetragen haben zur Entstehung der Ode „An die Freude" (1785), die dann in

In answer to his question as to where he could find the Goethe monument, a tourist is said to have received the answer: "Goethe? Actually there are two of him." When a stranger asks a native of Weimar for information, he should make sure he has plenty of time. The answer will rarely be short or in words of one syllable. If you should happen to be standing on Theaterplatz in front of the Goethe-Schiller monument, it is worth taking time to have a closer look. This will really give you an insight into each poet individually and into their relationship with each other. Goethe, with both feet planted firmly on the ground, is directing his gaze towards earthly matters and gripping the laurel wreath tightly in his hand; Schiller's gaze roams idealistically towards the heavens, while his hand grasps loosely at the wreath. Goethe's left hand is resting on Schiller's shoulder, and that is the only thing they have in common. It is right to say that they understood and helped each other, but their positions were in many ways too different for it to be a friendship in the usual sense of the word.

Johann Wolfgang von Goethe was born on 28 August 1749 in the free imperial city of Frankfurt am Main. His father was a wealthy alderman. His ancestors on his father's side were from Thuringia. The boy was taught by his father and by private tutors and from an early age showed sensitivity and an inclination for poetic expression.

He studied in Leipzig — many passages in Faust, especially the student scene in Auerbach's Cellar, recall this period — and graduated in Strasbourg (1770/71). Then came his work at the Imperial Supreme Court in Wetzlar and the failed attempt to run his own legal practice in Frankfurt. Even in these early years he produced writings which made an impact on a European level. They included "Götz von Berlichingen," a historical drama influenced by Shakespeare's work, his play "Egmont" and some initial scenes for "Faust," which occupied him for the rest of his life. He took only eight days to write his play "Clavigo." Goethe continued his studies without a break. During the period of his encounter with Johann Gottfried Herder he was chiefly concerned with folk poetry and German Gothic architecture (Strasbourg Cathedral). These subjects in turn resulted in ballads and poems like "Wanderers Sturmlied," "Prometheus" and "Ganymed." An unhappy love affair led him to write his novel "Die Leiden des jungen Werther" (The Sorrows of Young Werther). By the time Goethe arrived in Weimar he was a famous writer, though he did not regard himself as such.

In Weimar (1775) he worked with incredible energy at a number of projects and assumed various offices. As a confidant of the Duke he concerned himself with road-building and mines, the ducal library, famous throughout Germany, the University of Jena, parks, the theatre and, not least, with sorting out the state finances. This he succeeded in doing by dint of radical economies in military spending. How in addition to all this he found time to write masterpieces is something of a mystery. And yet he produced ballads like his famous "Erlkönig" (The Elf King), the first part of his novel "Wilhelm Meister," and above all his play "Iphigenie," his first great work in the spirit of classical humanism.

In 1786 Goethe set out on a lengthy journey to Italy. After returning in 1788 he largely withdrew from the affairs of state, but dedicated himself energetically to the state's artistic institutions. This period saw the beginning of his contact with Friedrich Schiller and of the stimulating exchange of ideas to which the continuation of his work on "Faust" is primarily attributable. The correspondence between the two over the course of many years still makes highly interesting reading for anyone seriously interested in art and literature.

Goethe was deeply affected by Schiller's death. Now ageing, he became more and more absorbed in the study of natural science, created the first German social novel of world rank, "Die Wahlverwandtschaften" (Elective Affinities), and published his memoirs. Above all, however, he continued work on his greatest masterpiece, "Faust," finally completing it shortly before his death on 22 March 1832.

Friedrich Schiller was born on 10 November 1759 in Marbach, Swabia. Since his father was an officer, the boy was sent to the Duke of Württemberg's Military School. He was

Un touriste ayant demandé à un passant où se trouvait le monument érigé à la mémoire de Goethe se serait entendu répondre: «Goethe? Mais il y en a deux». Tout étranger en visite à Weimar et désireux d'obtenir une information devra s'armer de patience. La réponse est rarement brève ou monosyllabique.

Si, donc, vous deviez vous trouver sur la Place du Théâtre face aux statues de Goethe et de Schiller, prenez le temps de les regarder de plus près. Ce faisant, vous y apprendrez un certain nombre de choses sur ces deux poètes et sur les rapports qu'ils entretenaient l'un avec l'autre. Goethe, les deux pieds bien sur terre, dirige son regard sur le monde réel, tenant en mains fermes sa couronne de lauriers; Schiller, lui, promène ses regards vers des hauteurs toutes idéales, mais sa main saisit la couronne avec douceur. La main gauche de Goethe repose sur l'épaule de Schiller, c'est là tout ce qui les réunit. Certes, ils vécurent en bonne intelligence et s'aidèrent l'un l'autre, mais leurs conceptions étaient trop divergentes à de nombreux égards pour qu'ait pu naître, entre eux, une amitié au sens habituel du terme.

Johann Wolfgang von Goethe naquit le 28 août 1749, dans la ville libre d'Empire qu'était alors Francfort-sur-le-Main; son père, bourgeois aisé, exerçait les fonctions de conseiller municipal. Ses aïeux paternels étaient issus de Thuringe. L'instruction qu'il reçut lui fut dispensée par des précepteurs et par son père. Très tôt, il manifesta une profonde sensibilité et un penchant marqué pour l'expression poétique.

Après avoir fait des études à Leipzig — période de sa vie évoquée dans certains passages de «Faust» et tout particulièrement dans la scène qui se passe à la «Cave d'Auerbach», en milieu étudiant — et passé son doctorat à Strasbourg (1770/71), il exerça son métier de juriste à la Cour Suprême de Wetzlar. Sa tentative d'ouvrir un cabinet d'avocat à Francfort échoua. Des œuvres poétiques, dont le retentissement en Europe, fut grand, virent le jour dans sa jeunesse: «Götz von Berlichingen», drame historique qui n'est pas sans rappeler le théâtre de Shakespeare, «Egmont», ainsi que les premières scènes de «Faust», thème qui ne cessa de l'occuper sa vie durant. Il ne lui fallut que huit jours pour écrire «Clavigo».

Goethe se livrait en permanence à des études concernant tout particulièrement la poésie populaire, pour laquelle il s'intéressa après avoir rencontré Johann Gottfried Herder, mais il se pencha également sur l'art gothique allemand (cathédrale de Strasbourg). De nouvelles ballades et de nouveaux poèmes en ressortirent: «Wanderers Sturmlied», «Prométhée» et «Ganymède». C'est d'un amour malheureux qu'est issu le roman «Les souffrances du jeune Werther». Lorsque

Goethe arriva à Weimar (1775), il était déjà un auteur célèbre, bien qu'il ne se soit pas considéré lui-même en tant que tel.

A Weimar, il s'employa, avec une incroyable énergie, à la réalisation de nombreux projets, assumant diverses fonctions. Ami du duc, il se vit confier certains travaux de voirie, mais s'occupa également de la bibliothèque ducale, fort célèbre en Allemagne, de l'université de Iéna et du théâtre. Il fut chargé, notamment, de l'assainissement des finances publiques, ce à quoi il parvint grâce aux coupes sombres qu'il opéra sur le budget militaire. Où il puisa sa force et comment il trouva le temps d'écrire, en dehors de tous ces travaux, demeurera une énigme. Et pourtant, cette période de son activité vit éclore des ballades, telles que le célèbre «Roi des Aulnes», la première partie du roman «Wilhelm Meister», mais avant tout «Iphigénie», le premier grand message de l'humanisme classique.

C'est en 1786 que Goethe entreprit son premier grand voyage en Italie. A son retour, en 1788, il renonça à ses tâches administratives, continuant toutefois de se consacrer aux institutions culturelles du pays. De cette époque datent ses premiers contacts avec Friedrich Schiller et leurs échanges de vues si féconds, auxquels il doit d'avoir pu poursuivre l'élaboration de son «Faust». Leur correspondance, qui s'étendit sur de nombreuses années, est une lecture qui n'a rien perdu de son actualité pour quiconque s'intéresse véritablement à l'art et à la littérature.

La mort de Schiller vint assombrir la vie de Goethe. Ayant vieilli, il se voua dans une mesure sans cesse croissante à ses études scientifiques, écrivit le premier roman de mœurs de réputation mondiale, «Les affinités électives», et publia ses mémoires. Mais il s'attacha, avant tout, à parachever l'œuvre de sa vie, «Faust», qu'il termina peu avant sa mort. Goethe mourut le 22 mars 1832.

Friedrich Schiller naquit à Marbach, en Souabe, le 10 novembre 1759. Le père étant officier, le fils fut tout naturellement envoyé à l'Académie militaire du duc de Wurtemberg où il devint médecin-chef du régiment. A dix-huit ans, il s'évade de cet établissement tyrannique. Qu'il ait placé son premier drame, «Les Brigands», sous la devise «In Tyrannos!» n'est pas pour surprendre. Cette pièce, et le succès qu'elle connut, vinrent couronner la littérature du «Sturm und Drang». C'est à Mannheim que Schiller trouva asile après sa fuite et qu'un directeur de théâtre lui apporta ses encouragements. Il écrivit alors «Intrigue et amour», où il dénonce, avec des accents dramatiques, l'absolutisme en Allemagne. Mais le poète est de nouveau obligé de fuir Mannheim. Il

Beethovens neunter Sinfonie den Schlußchor „Freude, schöner Götterfunken, Tochter aus Elysium" bildete. 1787 entstand das erste Versdrama Schillers, die erste Tragödie großen philosophisch-politischen Formats, „Don Carlos".

1788 wurde der Dichter Professor in Jena und hielt Vorlesungen über Geschichte; zwei Jahre später heiratete er Charlotte von Lengefeld. Seine Auseinandersetzung mit der Philosophie Immanuel Kants (1724—1804) spiegelt sich in Essays wie „Über den Grund des Vergnügens an tragischen Gegenständen" und vor allem in der Schrift „Über naive und sentimentalische Dichtung" wider, die dem Umgang mit Goethe zu verdanken ist. Als Herausgeber des literarischen Journals „Die Horen" konnte er Goethe als seinen Mitarbeiter gewinnen.

Erst 1799 nahm Schiller eine Wohnung in Weimar und wirkte beratend am Theater mit. Der Dramatiker brachte große geschichtliche Charaktere auf die Bühne des Hoftheaters: Wallenstein, Maria Stuart, die Jungfrau von Orleans; stets war auch Goethe als Theaterleiter und Regisseur beteiligt. „Wilhelm Tell" war das letzte Stück, das der Dichter vollenden konnte. Der Tod nahm dem Schwerkranken am 9. Mai 1805 die Feder aus der Hand; er arbeitete an dem Drama „Demetrius".

Das Wohnhaus Friedrich Schillers in der nach ihm benannten Straße steht bescheidener da als Johann Wolfgang von Goethes kleines Palais am Frauenplan. Vor der Haustür Schillers sahen sich beide zum letzten Mal. Als der zehn Jahre Jüngere acht Tage danach starb, wagte niemand, Goethe die Nachricht zu überbringen.

Zwischen Gasthaus und Goethe-Museum betritt man die Seifengasse, die mit dem alten Pflaster und ihrer Enge eine Vorstellung vom Weimar der Goethezeit vermittelt, auch wenn heute nicht mehr alle alten Gebäude stehen. Immerhin, linker Hand ist in einem kleinen Garten ein hübscher Pavillon zu sehen. Darin haben Preußens König Friedrich Wilhelm III. (1770—1840) und Königin Luise 1806 vor der Schlacht bei Jena logiert — wenige Schritte vom Dichterfürsten entfernt, für den sie keine Aufmerksamkeit hatten. Am Ende dieser Gasse dann, rechter Hand, das Haus, in dem Charlotte von Stein (1742—1827) ihre Stadtwohnung hatte. Ihr eigentliches Domizil war Schloß Großkochberg, das mit seinem hervorragend wiederhergestellten Park und seinen Innenräumen eine Autofahrt von 30 Minuten wert ist. Das Stadthaus war zunächst Pferdestall und Futtermagazin der herzoglichen Husaren, die „Reitersteine" an der rückwärtigen Längswand zeugen noch davon. Auf diese Steine stiegen die Kavalleristen, um sich dann auf die Pferde zu schwingen.

Zum Park hin fällt ein grauer Turm auf, ein Überbleibsel der alten Stadtbefestigung. Er lehnt sich an ein zierliches Schloß an, worin die ehemals herzogliche Bibliothek seit langem untergebracht ist, mit wesentlich erweitertem Bestand. Als „Anna-Amalia-Bibliothek" ist sie nach der Mutter Carl Augusts benannt. Mit der Erziehung, die sie ihrem Sohne vor allem durch den Dichter und Ovid-Übersetzer Christoph Martin Wieland (1733—1813) angedeihen ließ, trug sie wesentlich dazu bei, daß aus der kleinen Residenz ein geistiges Zentrum in Deutschland werden konnte. Ohne diesen Einfluß wäre der junge Herzog kaum so eifrig bemüht gewesen, Goethe, Herder und andere Geistesgrößen nach Weimar zu holen.

Herzog Carl August (1757—1828) reitet lorbeerbekränzt und in Imperatorpose auf dem Platz der Demokratie. Er hat weder militärische Lorbeeren gesammelt, noch war er ein Despot. Er blickt zum Schloß hin, dessen älteste Teile der Turm und das Torhaus sind; der klassizistische Hauptbau ist 1803 fertig geworden, gerade noch rechtzeitig, um die Zarentochter Maria Pawlowna zu empfangen. Der Erbprinz Carl Friedrich führte sie aus Petersburg als Gattin heim. Mit ihr kam Reichtum nach Weimar, das Land konnte die „Entwicklungshilfe" gut gebrauchen. Damals jedoch war der Schloßhof zum Park hin offen, die Schließung der „Lücke" — sie ist mit Bedacht konzipiert worden — geschah erst 1912.

Am Markt ist die 1945 völlig zerstörte Nordseite gerade restauriert worden, das berühmte Hotel „Elephant" hat wieder ein Gegenüber. Dazwischen, auf der Ostseite, befindet sich der Doppelgiebel des Cranach-Hauses, auf der Westseite das neugoti

later to become regimental doctor. At the age of eighteen he ran away from the despotic institution. Not without reason was his first drama, "Die Räuber" headed by the motto: "In Tyrannos!" The play was a tremendous success for "Sturm und Drang" writing. In Mannheim Schiller found asylum and encouragement from a theatrical manager. He wrote "Kabale und Liebe," a dramatic protest against German absolutism. But the writer was forced to flee from Mannheim too, first to Bauerbach near Meiningen, and later to Dresden. His experience there may have contributed to the writing of his "Ode to Joy" (1785), the words of which were later used for the final chorus of Beethoven's Ninth Symphony: "Oh joy, beautiful divine spark, daughter of Elysium." 1787 saw the completion of Schiller's first verse drama, "Don Carlos," simultaneously his first tragedy dealing with political and philosophical themes.

In 1788 Schiller became a professor at Jena University, where he lectured on history. Two years later he married Charlotte von Lengefeld. His grappling with the philosophy of Immanuel Kant (1724—1804) is reflected in essays like "On the Reason for Pleasure in Tragic Objects" and above all in his treatise "On Naive and Sentimental Writing," which we owe to his association with Goethe. He succeeded in persuading Goethe to write for the literary journal "Die Horen," which he edited.

It was not until 1799 that Schiller took up residence in Weimar, where he became an advisor to the theatre. The dramatist brought the great characters of history like Wallenstein, Mary Stuart and Joan of Arc onto the stage of the Hoftheater. Goethe was always involved as theatre manager and director. "Wilhelm Tell" was the last play Schiller completed. On 9 May 1805 death snatched the desperately sick man's pen from his hand just when he was in the process of writing his play "Demetrius."

Friedrich Schiller's residence in the street named after him is more modest than Johann Wolfgang von Goethe's little palace on Frauenplan. They saw each other for the last time outside Schiller's front door. When the ten-year younger man died a week later, nobody dared to break the news to Goethe.

Between the inn and the Goethe Museum one enters Seifengasse, whose old cobblestones and narrowness convey an idea of the Weimar of Goethe's day, though not all the old buildings are still standing. Nevertheless, in a little garden on the left you can still see an attractive pavilion. Here, only a few steps away from the prince of poets, to whom they paid no attention, the Prussian King Friedrich Wilhelm III (1770—1840) and Queen Luise stayed in 1806 before the battle of Jena. On the right hand side at the end of this alley is the house in which Charlotte von Stein (1742—1827) had her town dwelling. Her real home was the palace of Grosskochberg, well worth making the 30 minute car journey to on account of its excellently restored park and interior. The town house was originally a stables and fodder store for the Duke's hussars. The "riders' stones" along by the rear longitudinal wall are still evidence of the fact. The cavalrymen climbed onto these stones in order to hoist themselves onto their horses. Towards the park one notices a grey tower, a surviving part of the old town fortifications. It leans towards an elegant palace which has for a long time housed the former ducal library, whose collection has since been considerably extended. It is called the Anna Amalia Library after the mother of Carl August. As a result of the education which she bestowed upon her son, mainly through the poet and German translator of Ovid, Christoph Martin Wieland (1733—1813), she contributed significantly towards to the fact that the small capital was able to become an intellectual centre in Germany. Without this influence the young Duke would hardly have put so much effort into bringing Goethe, Herder and other brilliant minds to Weimar. There is an equestrian statue of Duke Carl August (1757—1828) wearing a laurel wreath and in imperial stance on Democracy Square. In fact he neither collected military laurels nor was he a despot. He is looking towards the palace, the oldest parts of which are the tower and gatehouse. The classical main building was completed in 1803, just in time to receive the Tsar's daughter, Maria Pavlovna. Crown Prince Carl Friedrich brought her home from Petersburg as his bride. She brought wealth to Weimar, and the state was certainly in need of this "development aid." At that time the palace courtyard was open on the park side. The gap—designed intentionally that way—was not closed up until 1912.
The north side of the market square, completely destroyed in 1945, has just been rebuilt, so that the famous Elephant Inn once more has buildings standing opposite. In between, on the east side, towers the double gable of the Cranach House, and on the west the Gothic town hall. Windischen-

trouvera refuge à Bauerbach, puis à Meiningen et à Dresde. Ce qu'il y vécut contribua sans doute à donner le jour à «l'Hymne à la joie» (1785) dont s'est inspiré Beethoven pour le chœur final de sa neuvième symphonie.
C'est en 1787 qu'il écrivit son premier drame en vers de caractère politico-philosophique: «Don Carlos». En 1788 Schiller fut nommé professeur à Iéna et y enseigna l'histoire. Deux ans plus tard, il épousa Charlotte von Lengefeld. Ses réflexions sur la philosophie d'Immanuel Kant (1724—1804) se reflètent dans plusieurs de ses essais, dans «Über den Grund des Vergnügens an tragischen Gegenständen», mais en tout premier lieu dans «Über naive und sentimentalische Dichtung» (Poésie naive et poésie sentimentale), que l'on doit à sa fréquentation de Goethe. Editeur de la revue littéraire «Die Horen», il s'assura la collaboration de ce dernier.
Ce n'est qu'en 1799 que Schiller alla s'installer à Weimar où il exerça les fonctions de conseiller du théâtre. Il y fit interpréter de grands caractères historiques, Wallenstein, Marie Stuart et la Pucelle d'Orléans. Goethe fut associé à ses projets en tant que directeur de théâtre ou de metteur en scène. «Guillaume Tell» est la dernière pièce qu'il pût achever. C'est le 9 mai 1805 que la mort vint le surprendre alors qu'il travaillait à son drame «Demetrius».
La maison d'habitation de Friedrich Schiller, dans la rue qui porte son nom est d'aspect plus modeste que le petit palais de Johann Wolfgang von Goethe en bordure du Frauenplan. C'est sur le seuil de la maison de Schiller qu'eut lieu leur dernière rencontre. Lorsque le plus jeune des deux — Schiller était de dix ans son cadet — mourut huit jours plus tard, personne n'osa aller porter la nouvelle à Goethe.
Entre l'auberge et le musée Goethe, on pénètre dans la Seifengasse, qui, avec ses vieux pavés et son exiguité, donne une idée de ce qu'a pu être Weimar à l'époque de Goethe, encore que les anciens bâtiments n'existent plus aujourd'hui dans leur intégralité. Dans un petit jardin, on pourra toutefois découvrir, sur la gauche, un joli pavillon. C'est là que logèrent le roi de Prusse Frédéric Guillaume III (1770—1840) et la reine Louise, en 1806, avant la bataille d'Iéna — à quelques pas seulement du domicile du prince des poètes à qui ils ne daignèrent pas prêter la moindre attention. Au bout de cette ruelle, sur la droite, on découvrira la maison où Charlotte von Stein (1742—1827) résidait lorsqu'elle était en ville. Son domicile proprement dit était le château de Groß-kochberg qui n'est qu'à trente minutes en

voiture et qui vaut la visite en raison de son intérieur et de son parc excellemment remis en état. Son domicile urbain était, à l'origine, une écurie et une remise où on emmagasinait le fourrage des pour les chevaux hussards du duc. A l'arrière de l'édifice, sur le grand côté, les «pierres des cavaliers» en témoignent encore aujourd'hui. C'est sur ces pierres que montaient les cavaliers pour sauter en selle.
Lorsqu'on se tourne vers le parc, on remarque une tour grise, vestige des anciennes fortifications de la ville. Elle s'adosse à un château d'aspect gracile, abritant depuis longtemps déjà l'ancienne bibliothèque ducale dont l'inventaire s'est vu considérablement enrichi entretemps. Elle porte le nom d'«Anna-Amalia-Bibliothek» qui était celui de la mère de Charles Auguste. En confiant l'essentiel de l'éducation de son fils à Christoph Martin Wieland (1733—1813), écrivain et traducteur d'Ovide, elle contribua à faire de la petite Résidence un centre de la vie intellectuelle en Allemagne. Sans l'influence qu'il exerça sur lui, le jeune duc n'aurait pas mis autant de zèle à faire venir Goethe, Herder et d'autres esprits illustres à Weimar.
Avec une majesté toute impériale, ceint d'une couronne de lauriers, le duc Charles Auguste (1757—1828) chevauche sa monture sur la Place de la Démocratie. Et pourtant, il ne se couvrit pas de lauriers et ne fut pas non plus un despote. Ses regards sont dirigés vers sur le château, dont les plus anciennes parties sont la tour et le porche. Le corps du bâtiment, de style néo-classique, fut achevé en 1803, juste à temps pour accueillir la fille du tsar, Maria Pavlovna. Le prince héritier, Charles Frédéric, l'avait prise pour femme et la ramenait de Saint Petersbourg. Elle apportait la richesse à Weimar, et «d'aide au développement» qu'elle représentait pour le pays allait être d'une grande utilité. A l'époque, la cour du château était ouverte en direction du parc et le comblement de cette «lacune» — dont la conception fait preuve d'un grand discernement — ne fut mis en œuvre qu'en 1912.
Du côté de la Place du Marché, la façade nord, totalement détruite en 1945, vient d'être restaurée de sorte que le célèbre hôtel «Elephant» a de nouveau un vis-à-vis. Entre les deux, côté est, se trouve la maison à double pignon de Cranach, côté ouest l'hôtel de ville néo-gothique d'où part la Windischen-straße. Elle aussi nous donne une impression de ce qu'était le vieux Weimar avec ses ruelles tortueuses et étroites. C'est là qu'habita Schiller avant d'aller s'installer dans la maison où il ne devait plus lui rester que trois ans à vivre et où il travailla, entouré de sa famille. A peu de distance de cet endroit, on arrive à l'entrée du Palais Wittums; Anna-Amalia y tint son salon littéraire qui réunissait Wieland, Herder, Goethe, Schiller et bien d'autres encore. A côté du Palais, se

sche Rathaus, neben dem die Windischen-straße abzweigt. Auch sie gibt in etwa eine Vorstellung von den krummen und engen Straßen, die das alte Weimar prägten. Hier hatte Schiller seine Wohnung, ehe er in das Haus zog, wo es ihm nur noch drei Jahre vergönnt war, zu arbeiten und mit seiner Familie zu leben. Etwas weiter gelangt man zum Eingang in das Wittums-Palais. Anna Amalia hielt hier ihre literarischen Zirkel ab, Wieland, Herder, Goethe, Schiller und andere um sich versammelnd. Daneben steht ein dunkler alter Bau, das ehemalige Franziskaner-Kloster, aus dem heute Orgel-klang und Chorgesang erschallt, die Musik-hochschule befindet sich ebenfalls hier.

Ein Mann verdient Erwähnung, in dessen 1780 bis 1803 errichtetem Haus heute das Stadtmuseum seinen Sitz hat, Friedrich Jo-hann Justin Bertuch (1747—1822). Der ein-fallsreiche Unternehmer verschaffte den Weimarern 400 bis 500 Arbeitsplätze und Einnahmemöglichkeiten mit seinem „Lan-des-Industrie-Comptoir", in dem künstliche Blumen, Bücher, Journale, Landkarten und Globen hergestellt wurden. Das war für eine Stadtbevölkerung, die fast nur vom Hofe lebte, von großem Vorteil.

Dem Schloß gegenüber, zwischen Residenz-café und Marstallstraße, steht ein derzeit unscheinbares Bürgerhaus mit ursprünglich schöner Fassade. Es gehörte dem Bankier Julius Elkan (1779—1839), mit dem sowohl Carl August als auch Goethe in geschäft-lichen Beziehungen standen. Unweit davon führt eine Gasse leicht bergan, oben liegt der alte Töpfenmarkt, heute Herder-Platz. Das Denkmal des Superintendenten und Verfas-sers philosophischer und literarhistori-scher Schriften steht vor der Kirche St. Peter und Paul (Herder-Kirche). Hier predigte Johann Gottfried Herder (1744—1803), sie wurde daher auch nach ihm benannt. Seine Wohnung in der Gasse hinter der Kirche ist heute noch die Dienstwohnung des Superin-tendenten.

Die untere Schmalseite des Platzes be-herrscht ein schöner Renaissancegiebel, der von einer Ritterfigur gekrönt wird. Das Ge-bäude heißt das Deutschritterhaus, obgleich nicht nachgewiesen ist, daß es je dem Orden gehörte. Herzog Carl August schenkte das Haus der Schauspielerin Caroline Jage-mann (1777—1848), die seine Geliebte war. An der oberen Schmalseite des Platzes steht ein Haus mit nicht sehr breiter Giebelfront,

wie eingeklemmt zwischen zwei Gassen. Es ist eines der ältesten Gebäude in der Stadt, genannt der Sächsische Hof. Unter seinem Dach verbrachte Goethe seine erste Nacht in Weimar; er war Logiergast des Hofmannes, der ihn auf Carl Augusts Wunsch hergeleitet hatte. Die erste Wohnung, die Goethe mie-tete, lag dem Schloßturm gegenüber. Daß dieses Haus noch steht — es war vor 1989 vom Abriß bedroht —, ist vor allem jungen Leuten zu verdanken, die auf eigene Faust mit der Rettung und Restaurierung began-nen, unterstützt von Denkmalschützern.

Vom Herderplatz zweigt die Jacobstraße ab, im Gebäude Nr. 10 finden wir ein seltenes Museum bürgerlicher Wohnkultur der er-sten Hälfte des 19. Jahrhunderts, denn Haus, Hof und Garten sind in alter Schön-heit erhalten. Es gehörte einer Familie von Hofbeamten; der Hofrat Franz Kirms wur-de von Goethe als guter Verwalter der Thea-terfinanzen sehr geschätzt. Im Hause befin-det sich eine Gedenkstätte für Johann Gott-fried Herder.

Mitten im Grün auf der Anhöhe über der Ilm ragt ein grauer Sandsteinbau mit hohen Fenstern auf, das Goethe-Schiller-Archiv, errichtet 1896. Großherzogin Sophie hatte laut Testament des letzten Goethe-Enkels den gesamten Nachlaß des Dichters erhalten und veranlaßte den Bau des Archivs, dabei griff sie tief in ihre Privatschatulle. Der Nachlaß Schillers kam hinzu, heute werden hier an die drei Millionen Handschriften aufbewahrt, Kostbarkeiten europäischen Geistes.

Ein kurzes Stück die Jenaer Straße hinauf findet man die Altenburg, eine große Villa aus dem Jahre 1811. Sie wurde benannt nach dem Areal, auf dem einst eine alte Fliehburg stand. Hier wohnte viele Jahre Franz Liszt (1811—1886), als er die Hofkapelle und das Theater zu neuem Ruhm führte. In diesem Hause versammelten sich Musiker und Lite-raten, Bildhauer und Maler um den genia-len Ungarn, der nicht nur der neuen Musik den Weg bahnte.

Hof- und Theaterintrigen erreichten jedoch, daß Franz Liszt sich von „Ilm-Athen" ab-wandte. Immerhin kam er von Rom aus im Sommer für etliche Wochen wieder nach Weimar, um zu unterrichten und Konzerte zu geben. Der Hof stellte ihm als Domizil die Hofgärtnerei in der Marienstraße zur Verfügung, dort findet man heute das Liszt-Museum. Wie im Goethe-Haus sind die Räume im Original erhalten.

Wir benutzen den Fußgängerüberweg in der Marienstraße und gelangen in die Geschwi-ster-Scholl-Straße mit den Hauptgebäuden der Hochschule für Architektur und Bauwe-sen, darunter der Van-de-Velde-Bau. Hier spürt man die Kontinuität geistiger Prozesse über lange Zeiträume hinweg, vom klassizi-stischen Bauen über den Historismus und den Jugendstil bis zum Bauhaus.

strasse, which runs off alongside it, also con-veys an idea of the crooked narrow streets which characterised old Weimar. It was in this street that Schiller lived before moving to the house where he worked and lived with his family for the last three years of his life. A little further on one comes to the entrance of the Wittum Palace, where Anna Amalia presided over her literary circle, gathering Wieland, Herder, Goethe, Schiller and others around her. Next to it stands a dark, old building, the former Franciscan mona-stery. Nowadays it resounds with organ music and choral singing, as well as housing the College of Music.

One man, whose residence, built in 1780 to 1803, now houses the town museum, de-serves a mention. He is Friedrich Johann Justin Bertuch (1747—1822). The innovative entrepreneur created for the people of Weimar 400 to 500 jobs and earning oppor-tunities through his „State Industry Trading Office," where artificial flowers, books, jour-nals, maps and globes were manufactured. This was a great benefit for a town popula-tion dependent almost entirely on the Court for a living.

Opposite the castle, between the Residenz-café and Marstallstrasse, stands a now insignificant-looking house with what was once a beautiful facade. This belonged to the banker Julius Elkan (1779—1839) with whom both Carl August and Goethe had business connections. Not far from it an alley leads slightly uphill to the former Töpfenmarkt, now Herderplatz. The monument to the superintendent and author of philosophical tracts and works on the history of literature Johann Gottfried Herder (1744—1803) stands in front of the church of SS Peter and Paul (Herder church). Herder preached here, and so the church was also called after him. His house in the alley behind the church is still the service residence of the Lutheran superintendent.

The lower shorter side of the square is domi-nated by a beautiful gabled Renaissance building crowned by the figure of a knight. It is known as the House of the Teutonic Knights, though there is no proof that it ever belonged to the Order. Carl August gave the house to the actress Caroline Jagemann (1777—1848), his mistress.

On the upper shorter side of the square stands a house with a narrowish gabled fron-tage, clamped, as it were, between two alleys. This is one of the oldest buildings in the town, known as the Sächsischer Hof, or Saxon Court. It was beneath the roof of this house that Goethe spent his first night in Weimar, lodging with the courtier who had brought him here at the behest of Carl August. The first dwelling which Goethe rented lay opposite the castle tower. That it is still standing (before 1989 it was threatened with demolitio) is due mainly to young people who began the salvage and restoration work on their own initiative, supported by conservationists.

Branching off from Herderplatz is Jacobstrasse. In the building at No. 10 we find an unusual museum of bourgeois life in the first half of the 19th century. House, courtyard and garden have been preserved in all their former beauty. The house belonged to a family of court officials. Goethe thought very highly of Privy Councillor Franz Kirms as a good administrator of the theatre finances. In the house there is a memorial to Johann Gottfried Herder.

Amidst the greenery on the elevation above the Ilm towers a grey sandstone building with high windows. This is the Goethe-Schiller Archive, established in 1896. In accordance with the will of Goethe's last grandson, Grand Duchess Sophie kept all the poet's literary remains and had the archive built, delving deeply into her private purse in order to do so. Schiller's literary remains were added to the collection. Nowadays almost three million manuscripts are held here, treasures of European intellectual life.

A little way along Jenaer Strasse one comes upon the Altenburg, a large villa dating from 1811. It was named after the land on which it was built, formerly the site of an early fort. Franz Liszt (1811–1886) lived here for many years during the time when he was leading the court orchestra and theatre to new heights. In this house musicians and literati, sculptors and painters gathered around the Hungarian genius, who did far more than pave the way for new music.

However, court and theatre intrigues succeeded in driving Franz Liszt away from "Athens on the Ilm." Nevertheless he did return from Rome for a few weeks in the summer in order to teach and give concerts. He stayed at the Hofgärtnerei in Marienstrasse, put at his disposal by the Court. Nowadays it houses the Liszt Museum. As in the Goethe House, the rooms have been preserved in their original form.

Crossing Marienstrasse at the pedestrian crossing we come to Geschwister-Scholl-Strasse and the main buildings of the College of Architecture and Building, among them the Van de Velde Building. Here one can sense the continuity of intellectual processes over the ages, from classical building via historicism and Jugendstil to the Bauhaus.

dresse un vieux bâtiment d'aspect sombre, l'ancien monastère franciscain d'où résonne aujourd'hui le chant des chœurs et le son de l'orgue. C'est là, en effet, que se trouve le Conservatoire de Musique.

Un homme, Friedrich Johann Justin Bertuch (1747–1822) mérite qu'il soit fait mention de son nom. Sa maison, érigée de 1780 à 1803, renferme le Musée municipal (Stadtmuseum). Grâce au «Landes-Industrie-Comptoir» qu'il fonda, où étaient fabriqués fleurs artificielles, livres, journaux, cartes géographiques et globes, cet industriel à l'esprit ingénieux, créa 400 à 500 emplois, source de revenus appréciables pour les habitants de Weimar. Cela constituait une manne pour la population urbaine, qui vivait presque exclusivement de la cour.

Face au château, entre le café de la Résidence et la rue Marstallstraße on trouvera une maison bourgeoise dont la façade, de peu d'apparence actuellement, était, à l'origine, fort belle. Elle appartenait au banquier Julius Elkan (1779–1839) avec qui Charles Auguste, mais aussi Goethe entretenaient des relations d'affaires. Non loin de cet endroit, une ruelle en pente légère mène à l'ancien «Töpfenmarkt» aujourd'hui Herder-Platz. Le monument érigé à la mémoire du surintendant, auteur d'ouvrages philosophiques et historico-littéraires, se dresse face à l'église Saint-Pierre-et-Paul (Eglise Herder). Johann Gottfried Herder (1744–1803) à qui elle doit son nom y tint ses prêches. Son logement, dans la ruelle courant derrière l'église est aujourd'hui encore le logement attribué à l'actuel surintendant.

Une maison au superbe pignon étriqué, datant de la Renaissance, domine le côté étroit de la Place, pignon couronné par la figure d'un cavalier. La maison porte le nom de «Deutschritterhaus (Maison des Chevaliers de l'Ordre teutonique), encore que rien ne prouve que celle-ci ait jamais appartenu à cet ordre. Charles Auguste en fit cadeau à l'actrice Caroline Jagemann (1777–1848), sa maîtresse.

En haut de la place, se dresse une maison dotée d'un pignon également assez élancé, et qu'on dirait coincée entre les deux ruelles. C'est là l'un des plus vieux bâtiments de la ville, appelé le «Sächsischer Hof». Goethe y passa sa première nuit à Weimar; il était l'hôte de l'homme de la cour qui l'avait fait venir à Weimar, à la demande de Charles Auguste. Le premier logement que loua Goethe était situé face à la tour du château. Que cette maison se trouve encore à cet endroit — elle fut menacée de démolition en 1989 — est dû, avant tout, à deux jeunes personnes qui, de leur propre chef, décidèrent de la sauvegarder et entamèrent sa rénovation avec le soutien des responsables de la protection des monuments historiques.

De la Place Herder bifurque la Jacobstraße, au numéro 10 de laquelle nous trouvons un musée rare en son genre, où l'on admirera le style de vie bourgeois de la première moitié du XIXe siècle. La maison d'habitation, la cour et le jardin ont conservé leur beauté d'antan. Cette demeure appartenait à une famille d'officiers de la cour. Le conseiller Franz Kirms, administrateur des finances du théâtre, était fort estimé de Goethe. La maison abrite un mémorial de Johann Gottfried Herder.

Au beau milieu de la verdure, sur les hauteurs surplombant l'Ilm, se dresse un édifice fait de grès de couleur grise et percé de hautes fenêtres. Il fut érigé en 1896 et renferme les «Archives Goethe-Schiller». Aux termes du testament du dernier des petits-enfants de Goethe, l'ensemble de la succession de l'écrivain avait été confié à la grande-duchesse Sophie. Elle fit construire l'édifice destiné à abriter les archives, payant une bonne partie des frais de sa poche. Les œuvres de Schiller vinrent s'y ajouter, après la mort de ce dernier, de sorte que quelque trois millions de manuscrits y sont conservés, précieuces reliques de l'esprit européen.

En remontant la Jenaerstraße, on découvrira, à peu de distance de là, l'Altenburg, une villa de vastes dimensions datant de 1811. Son nom lui vient de l'endroit où se trouvait autrefois un château fort. Franz Liszt (1811–1886) y vécut de nombreuses années à l'époque où il fonda la célébrité de l'Orchestre de la cour et du théâtre. Musiciens, hommes de lettres, sculpteurs et peintres se réunirent dans cette demeure autour de cet homme de génie originaire de Hongrie, qui ne fit pas qu'ouvrir la voie à la musique contemporaine.

Mais les intrigues régnant au théâtre et à la cour incitèrent Franz Liszt à fuir l'«Athènes sur l'Ilm». Pourtant, de retour de Rome, il revint à Weimar en été et y resta plusieurs semaines pour y donner des cours et des concerts. La cour mit à sa disposition le Bâtiment de l'Horticulture, situé Marienstraße; c'est là que se trouve aujourd'hui le musée Liszt. Tout comme dans la Maison de Goethe, les pièces y ont été conservées telles qu'elles étaient alors. Nous emprunterons le passage clouté de la Marienstraße pour rejoindre la Geschwister-Scholl-Straße, que bordent les bâtiments de la Grande Ecole d'Architecture et du Bâtiment, parmi lesquels celui que fit ériger van de Velde. On y ressent la continuité du souffle spirituel qui anima de longues périodes allant du clacissisme au Bauhaus en passant par les styles à références historiques du XIXe siècle et l'Art Nouveau.

Hinter dieser eindrucks-
vollen Fassade wohnte
Johann Wolfgang von
Goethe bis zu seinem Tod,
nachdem Herzog Carl Au-
gust ihm das Haus ge-
schenkt hatte. Links
schließt sich das Goethe-
Museum an, davor ist das
Gasthaus „Zum weißen
Schwan" zu erkennen.

Johann Wolfgang von
Goethe spent the last years
of his life behind the
impressive facade of this
palace, presented to him
by Duke Carl August.
Adjoining it to the left is
the Goethe Museum,
and in front of that stands
the "White Swan" guest-
house.

C'est derrière cette maje-
stueuse façade qu'habita
Johann Wolfgang von
Goethe jusqu'à sa mort,
après que Charles Auguste
lui eut fait cadeau de cette
maison. A gauche, contigu
à celle-ci, se trouve le
Musée Goethe; précédant
ce dernier, on remarquera
le Restaurant «Zum wei-
ßen Schwan».

Der Blick in Goethes Wohnhaus führt vom „Urbino-Zimmer" in das „Juno-Zimmer" und durch weitere Räume bis hin ins „Große Sammlungszimmer". Die Büste der Juno ist ein Abguß nach einem römischen Original des ersten Jahrhunderts. Auf dem Flügel haben schon Clara Wieck und Felix Mendelssohn-Bartholdy gespielt.

The picture shows the view from the "Urbino Room" into the "Juno Room" and through some of the other rooms in Goethe's house as far as the "Large Reception Room". The bust of Juno is a moulding made from a first-century AD Roman original. Among those who played the grand piano here were Clara Wieck and Felix Mendelssohn-Bartholdy.

La vue englobe une enfilade de pièces allant de la «Chambre Urbino» et de la «Chambre de Junon» jusqu'à la «Grande Chambre des Collections» en passant par plusieurs autres pièces. Le buste de Junon est un moulage réalisé d'après un original romain du Ier siècle. Clara Wieck et Felix Mendelssohn-Bartholdy ont, eux aussi, joué sur le piano à queue.

Im Gegensatz zu den Repräsentationsräumen herrscht im Arbeitsbereich des Dichters Johann Wolfgang von Goethe beinahe spartanische Einfachheit. Kein Gemälde, keine Skulptur, nichts durfte seine Aufmerksamkeit von der Arbeit ablenken. Federkiel und Streusandbüchse waren unentbehrliche Gerätschaften.

The almost Spartan simplicity of the writer's study stands in stark contrast to the reception rooms in Johann Wolfgang von Goethe's house. Here he tolerated no painting, no sculpture, nothing to distract his attention from his work. Quill pen and sand-shaker were the indispensible tools of his trade.

Au contraire des chambres d'apparat, une simplicité presque spartiate règne dans la pièce où travaillait Johann Wolfgang von Goethe. Il ne supportait aucun tableau, aucune sculpture qui eût pu distraire l'attention soutenue qu'il portait à son travail. Plume et petite boîte de sable lui étaient des outils de travail indispensables.

In der romantisch wirken-
den Seifengasse ging es oft
prosaisch zu. Im Turm
tagte die Kriegskommis-
sion, ihr Mitglied Johann
Wolfgang von Goethe
sorgte für die Sanierung
der Staatsfinanzen. Dahinter erkennt man das Haus,
in dem er Wand an Wand
mit der geliebten Charlotte
von Stein einen Winter
verbracht hat.

Seifengasse may look
romantic, but it was the
scene of some fairly pro-
saic happenings. The
tower was the meeting
place of the War Commis-
sion. As a member,
Johann Wolfgang von
Goethe took care of
reorganising the state
finances. Behind it stands
the house in which he
spent a winter living next
door to his beloved
Charlotte von Stein.

Dans la Seifengasse,
romantique d'aspect, la vie
quotidienne prenait sou-
vent un tour bien plus
prosaïque. La «Commis-
sion de Guerre» tenait ses
séances dans la Tour et
l'un de ses membres,
Johann Wolfgang von
Goethe, y travailla à assai-
nir les finances de l'Etat.
A l'arrière-plan, on reconnaît la maison où il passa
un hiver, porte à porte
avec sa bien-aimée Char-
lotte von Stein.

Die Schillerstraße, zwischen Theaterplatz und Markt verlaufend, ist Weimars Boulevard. Nichts erinnert an den zugeschütteten Graben der alten Stadtbefestigung. Im Hintergrund das Wittums-Palais, in dem Herzogin Anna Amalia ihre berühmte Tafelrunde hielt.

Schillerstrasse, running from Theaterplatz to the market square, is Weimar's boulevard. There is nothing to betray that it is the filled-in moat of the old town fortifications. In the background stands the Wittum Palace, the scene of Duchess Anna Amalia's famous gatherings.

La rue Schiller, entre la Place du Théâtre et le marché, est le grand boulevard de Weimar. Rien qui ne rappelle le fossé longeant les anciennes fortifications, qui fut comblé par la suite. En toile de fond, le Palais Wittum où la duchesse Anna Amalia tenait sa fameuse table ronde.

Erst 1802 konnte sich
Friedrich Schiller ein eige-
nes Haus leisten, und nur
wenige Jahre durfte er sich
mit seiner Familie daran
erfreuen. Aus einem der
Fenster im Obergeschoß
mag er manchmal zum
Frauenplan hinüber-
geblickt haben, denn die
andere Straßenseite war
noch nicht bebaut. Im
Jahre 1805, Anfang Mai,
sprach er hier zum letzten
Mal mit Johann Wolfgang
von Goethe.

It was not until 1802 that
Friedrich Schiller was able
to afford a house of his
own, and he was only to
enjoy it in the company of
his family for a few short
years. Perhaps he some-
times looked out of one of
the upper floor windows
across to Frauenplan, for
at that time there were no
houses on the other side of
the street. Here in early
May 1805 he spoke for the
last time with Johann
Wolfgang von Goethe.

Ce n'est qu'en 1802 que
Friedrich Schiller put se
permettre d'acheter une
maison, mais le destin
voulut qu'il n'y passât
plus que quelques années,
entouré de sa famille. De
l'une des fenêtres du premier étage, son regard se
sera certainement plus
d'une fois posé sur le
Frauenplan, aucune con-
struction n'obstruant alors
la vue de ce côté. C'est ici
qu'en 1805, au début de
mai, eut lieu son dernier
entretien avec Johann
Wolfgang von Goethe.

Im gesamten Haus
herrscht Einfachheit, auch
hier in Schillers Arbeits-
zimmer. Die wichtigsten
Bücher stehen griffbereit
in den Regalen, die stete
Mahnung der Uhr lautet
„die Zeit entflieht" und die
Weltkugel setzt Maßstäbe.
Auf dem Tisch liegt das
Manuskript des unvollen-
deten Dramas „Deme-
trius". Der Tod nahm dem
Dichter am 9. Mai 1805
die Feder aus der Hand.

Simplicity prevails
throughout the house,
including Schiller's study.
The most important books
are to hand on the shelves,
the clock sounds the ever-
present warning, "time
flies", and the globe de-
monstrates the range of his
interests. On the table lies
the manuscript of his unfi-
nished play "Demetrius."
On 9 May 1805, death
snatched the pen from the
writer's hand.

Toute la maison respire la
simplicité; ainsi en est-il
du cabinet de travail de
Schiller. Les livres les plus
importants sont à portée
de la main, sur les étagè-
res, la pendule rappelle en
permanence que «le temps
s'enfuit» et le globe symbolise l'universalisme de sa
pensée. Sur la table repose
le manuscrit de son drame
inachevé, «Demetrius». La
mort vint surprendre le
poète le 9 mai 1805, la
plume à la main.

Das neugotische Rathaus
entstand 1841 nach dem
Entwurf von Heinrich
Heß. Im Turm ist seit
1987 ein Glockenspiel aus
Meißner Porzellan in-
stalliert. Der Neptunbrun-
nen ist der älteste der
vielen Brunnen dieser
Stadt, die unter Denkmal-
schutz stehen. Die Figur
des Neptuns wurde 1774
von Martin Gottlieb
Klauer geschaffen, das
Original wird heute im
Schloß Belvedere auf-
bewahrt.

The neo-Gothic town hall
was built in 1841 to a
design by Heinrich Hess.
In 1987 the tower was
equipped with a chiming
mechanism made of Meis-
sen china. The Neptune
Fountain is the oldest of
the town's many fountains
under conservation orders.
The figure of Neptune was
created in 1774 by Martin
Gottlieb Klauer, but the
original has been moved to
Schloss Belvedere.

L'hôtel de ville, de style
néo-gothique, fut érigé en
1841 d'après les plans de
Heinrich Heß. En 1987 la
tour est dotée d'un caril-
lon en porcelaine de Meissen. La Fontaine de Nep-
tune est la plus ancienne
des nombreuses fontaines
que compte la ville, toutes
classées momuments histo-
riques. Le personnage de
Neptune fut créé en 1774
par Martin Gottlieb Klau-
er. L'original est conservé
au Château de Belvédère.

Das bunte Markttreiben bietet Thüringer Landprodukte, Keramik und vieles andere vor historischer Kulisse. Der verzierte und von einer Ritterfigur gekrönte Giebel des alten Stadthauses steht unmittelbar neben dem Doppelgiebel des Gebäudes, in dem Lucas Cranach seine letzten Jahre verbrachte und das große Altarbild schuf.

The colourful market scene offers Thuringian country produce, ceramics and much more, all against a historic backdrop. The ornate gable of the old Stadthaus, crowned by the figure of a knight, stands right next to the double gable of the building where Lucas Cranach spent his last years and created his great altarpiece.

Une grande animation règne sur le marché où, sur une toile de fond historique, sont proposés produits agricoles de Thuringe, céramique et bien d'autres choses encore. Le pignon richement ornementé de l'ancien hôtel de ville, surmonté d'une figure de chevalier, voisine avec la maison à double pignon où Lucas Cranach passa les dernières années de sa vie et où il créa son grand triptyque.

Friedrich Justin Bertuch ließ sich 1803 ein Haus mit 90 Metern Straßenfront bauen. Die Eingangshalle strahlt bürgerliches Selbstbewußtsein aus und kann sich auch mit fürstlichen Bauten des Klassizismus messen. Heute ist hier der Sitz des Museums für Stadtgeschichte.

In 1803 Friedrich Justin Bertuch had a house built with a 90-yard street frontage. The entrance hall radiates bourgeois self-assurance and can hold its own with royal buildings of the Classical period. It now houses the local history museum.

C'est en 1803 que Friedrich Justin Bertuch se fit construire une maison dont le front mesurait 90 m de long. Du hall d'entrée se dégage la confiance en soi propre à la bourgeoisie; ses dimensions n'ont rien à envier à celles des bâtiments princiers du néo-classicisme. Cette maison abrite aujourd'hui le Musée de l'Histoire de la Ville de Weimar.

Franz Liszt verließ Weimar 1861. Um ihn wenigstens zeitweise an die Stadt zu binden, stellte ihm Großherzog Carl Alexander die ehemalige Hofgärtnerei in der Marienstraße zur Verfügung. Liszt verbrachte hier viele Sommer, gab Konzerte und unterrichtete.

In 1861 Franz Liszt left Weimar. So as to encourage him to maintain at least some links with the town, Grand Duke Carl Alexander placed the former Hofgärtnerei, or court nursery garden, in Marienstrasse at his disposal. Liszt spent many summers giving concerts and teaching here.

Franz Liszt quitta Weimar en 1861. Pour s'assurer qu'il y reviendrait au moins temporairement, le grand-duc Carl Alexander mit à sa disposition le bâtiment de l'ancienne pépinière de la cour qui se trouvait Marienstraße. Liszt y passa de nombreux étés, donnant concerts et cours de musique.

Wer Weimar besucht hat und vom Park an der Ilm nicht mehr wahrnahm als das Goethe-Gartenhaus, der hat Weimar verpaßt. So beeindruckend die fast spartanische Schönheit der Räume, die Atmosphäre geistiger Arbeit und des Verzichts auf „Wohlleben" in diesem kleinen Haus ist, man begreift den Reiz des Ganzen erst, wenn man ohne Hast ein wenig umhergewandelt ist in diesen Auen, unter diesen alten Bäumen am Ufer der Ilm. Wie das schmale Tal zu einer Kulturlandschaft mit Aus- und Durchblicken gestaltet ist, mit Brücken und kleinen Bauwerken, mit Gedenksteinen und Skulpturen, sollte man auf sich wirken lassen und so Entspannung und Anregung gleichermaßen erleben. Vielleicht wird nirgendwo anders als hier, im Umfeld des bescheidenen Hauses, so deutlich, welche Einheit Natur und Kunst für den Dichter und Forscher Goethe darstellten. So nahe der Stadtverkehr ringsum ist, hier steht man noch immer in einer Oase der Ruhe, wenn auch nicht mehr der vollkommenen Stille. Ob vor den Denkmälern Liszts und Shakespeares, vor dem Borkenhäuschen oder dem Römischen Haus, in Betrachtung eines Gedenksteines für einen Fürsten oder für eine Komödiantin, überall ist ein leiser Zauber gegenwärtig für den, der Muße zu finden fähig ist.

„Meine Ufer sind arm,
doch höret die leisere Welle,
Führt der Strom sie vorbei,
manches unsterbliche Lied."

So empfand Friedrich Schiller die Ilm, und so kann man es ihm nachempfinden, wenn man hier wandelt oder innehält. Von der Schloßbrücke aus kann man bis Oberweimar spazieren, wo sich die alte Klosterkirche und das Deutsche Bienenmuseum befinden.

Abgelegen von der Stadt ist auch heute noch der Park von Tiefurt, dessen beinahe ärmliches, nichtsdestoweniger sehenswertes kleines Schloß zunächst nur die Wohnung des Kammergutpächters war. Als Anna Amalia sich 1775 von den Regierungsgeschäften zurückgezogen hatte, ließ sie das Haus umbauen, in dem sie später den „Musenhof" um sich scharte; sie schuf auf diese Weise ein sommerliches Gegenstück zum Wittumspalais. Hier schrieb eine Hofdame den Text des „Urfaust" ab, der nur so der Nachwelt erhalten blieb.

Der Landschaftspark im englischen Stil bezieht ebenfalls die Ilm ein, die hier in einem weiten Bogen unterhalb eines recht steilen Hanges verläuft. Zu sehen sind Gedenksteine und Büsten, darunter das erste Mozartdenkmal in Deutschland, sowie ein „Musentempel", einen antiken Rundtempel nachahmend. Unmittelbar neben dem Park steht die kleine Dorfkirche, in der Liszt bisweilen die Orgel spielte.

Auf einem kleinen Bergrücken liegt das heitere Rokokoschloß Belvedere inmitten eines Parks, der zum größeren Teil gestaltete Landschaft, zum kleineren, unmittelbar am Schloß und an der Orangerie, die kunstvolle Strenge einer Gartenanlage des 18. Jahrhunderts aufweist.

Die landschaftlich wie klimatisch günstige Lage machten Schloß und Park zum idealen Sommersitz des Hofes. Christiane, Goethes Frau, holte sich beim Hofgärtner manchen guten Rat für ihren Hausgarten am Frauenplan. Die Orangerie, in der seltene exotische Gewächse überwintern, wurde schon bei ihrer Errichtung mit einer Heizung versehen, die bis in die jüngste Zeit funktionierte. Hier tagten auch Naturforscher und Ackerbausachverständige, Alexander von Humboldt hielt einmal einen Vortrag. Die sogenannten „Kavaliershäuser", die einen Vorhof bilden, beherbergten Ende des 18. Jahrhunderts eine Erziehungsanstalt für Söhne aus wohlhabenden Häusern. Knapp hundert Jahre später feierten Künstler der „Weimarer Malerschule" ihre Feste, Meister des Bauhauses wohnten und arbeiteten hier; nach 1945 etablierte sich eine Schauspielschule und richtete ein kleines Theater ein, in dem auch heute gelegentlich Aufführungen stattfinden.

Es mag merkwürdig erscheinen, dennoch muß man zwei Friedhöfe erwähnen, wenn von Parks die Rede ist. Der große Historische Friedhof, den man nicht weit von der Geschwister-Scholl-Straße findet, wird bisweilen ein „Park der Toten" genannt. Tatsächlich ist die schmale Allee, die vom Eingang am Poseckschen Garten her betreten wird, rechts und links nur vereinzelt von alten Gräbern gesäumt. Sie führt gerade auf die Fürstengruft zu, hinter der die vergoldeten Kuppeln einer russisch-orthodoxen Kirche aufragen. In dieser Gruft stehen die

Anyone who has visited the town and taken in no more of the park by the River Ilm than Goethe's garden house has really missed the essence of Weimar. Impressive though the almost Spartan beauty of the rooms in this little house may be, you don't fully grasp the charm of the place as a whole until you have wandered around for a while in these meadows and under these old trees on the bank of the Ilm. Take your time to let it all sink in: the way in which the narrow valley has been transformed into a man-made landscape with views and vistas, bridges and little buildings, memorials and sculptures. You will feel at once relaxed and stimulated. Perhaps nowhere as much as here in the surroundings of the modest house does one so clearly comprehend the unity which nature and art represented for Goethe the poet and scholar. Though the city traffic passes close by all round the park, here you are still in an oasis of peace and quiet, though these days no longer of perfect silence. Everywhere here those who can manage to find the leisure will discover a little piece of magic, whether it is standing in front of the monuments to Liszt and Shakespeare, looking at the little tree bark house or the Roman house or contemplating the memorial to a prince or comedy actress.

"Poor are my banks, but the gentle wave
The stream bears past, hears oft an immortal song."

This was how Friedrich Schiller perceived the Ilm, and we too can share in this perception when we wander or tarry here. From the Schlossbrücke or Palace Bridge you can walk along as far as Oberweimar, where you will find the old monastery church and the German Bee Museum.

Still some way outside the town is the park of Tiefurt, where the very plain but nonetheless interesting palace was originally merely the dwelling of the crown land tenant. When Anna Amalia withdrew from the affairs of state in 1775 she had the house converted, later assembling a "court of muses" around her there, and thus creating a summertime counterpart to the Wittum Palace. It was here that one of the ladies of the Court copied down the text of Goethe's "Urfaust," which would otherwise have been lost to posterity.

Here too the River Ilm, flowing in a broad curve beneath a very steep slope, forms an integral part of the English-style park landscape. There are memorial stones and busts, including the first Mozart monument in Germany, and a "Temple of the Muses" built in the style of a classical round temple. Just by the park stands the little village church where Liszt occasionally played the organ.

On the ridge of a low hill lies the Rococo Palace of Belvedere, surrounded by grounds consisting for the most part of landscaped parkland, though the smaller section directly adjacent to the Palace and Orangerie is laid out with the artistic formality of an 18th century garden.

Its favourable location from the point of both scenery and climate made the palace and park an ideal summer residence for the Court. Goethe's wife Christiane was given many a good piece of advice by the court gardener here for her own garden on Frauenplan. When it was first built the Orangerie, where rare exotic plants are kept through the winter, was equipped with a heating system which until recently was still functioning. Here too meetings of natural scientists and agricultural experts were held. Alexander von Humboldt once gave a lecture here. At the end of the 18th century the so-called "Cavaliers' Houses" which form one of the outer courtyards housed an educational establishment for the sons of wealthy families. Just under a hundred years later the artists of the "Weimar School of Painting" celebrated their festivities here. Masters of the Bauhaus lived and worked here. After 1945 a school of dramatic art was established and a small theatre installed. Occasional performances are still given there today.

It may seem strange, but in talking of parks one must mention two cemeteries. Nowadays the large Historic Cemetery, located not far from Geschwister-Scholl-Strasse, is known as a "Park of the Dead." And indeed the narrow avenue leading from the entrance by the Poseck Garden is lined to right and left with only the occasional old grave. It leads straight to the royal tomb, behind which tower the gilded domes of a Russian Orthodox church. In this tomb lie the oak coffins bearing the names of Goethe and Schiller, as if on equal standing with those of the Grand Dukes and Duchesses. Only

Quiconque aura visité la ville de Weimar et n'aura gardé pour tout souvenir que le pavillon du jardin de Goethe, dans l'enceinte du parc des bords de l'Ilm, sera passé sans la voir. Pour impressionnante que soit la beauté presque spartiate des pièces de cette petite maison, l'atmosphère de travail intellectuel et le renoncement à toute «douceur de vivre» qui y règnent, le visiteur ne pourra saisir le charme qui se dégage de l'ensemble qu'en vagabondant sur les espaces de verdure des bords de l'Ilm et sous ses arbres séculaires. Il sera alors envoûté par la magie émanant de cette étroite vallée ainsi que des échappées et perspectives, des ponts et petits édifices, des pierres tombales et des sculptures qui font de cet endroit une aire de civilisation, à la fois source de détente et d'inspiration. Nulle part ailleurs qu'ici peut-être, aux alentours de ce modeste pavillon, on ne saisira avec autant de lucidité l'harmonie que représentaient art et nature pour le poète et savant qu'était Goethe. Et même si le grondement du trafic urbain monte de la ville toute proche, on s'y trouve dans une oasis de paix, encore que le silence n'y soit pas parfait. Pour qui est enclin à la contemplation, un tendre enchantement se dégage de toute part, que ce soit face aux monuments élevés à la mémoire de Liszt ou de Shakespeare, à la maisonnette en bois d'écorce ou à la Maison romaine, ou qu'il soit plongé dans la contemplation d'une pierre commémorant un prince ou une comédienne.

«Pauvres sont mes rives /
Mais écoute, dans l'onde douce/
Que le fleuve emporte au loin/
Maints chants immortels.»

Ainsi Friedrich Schiller chantait-il l'Ilm et l'on peut s'imaginer ce qu'il ressentait alors, lorsque l'on y flâne ou que l'on suspend sa marche. Du pont du château, la promenade mène jusqu'à Oberweimar où se dresse la tour de l'ancienne église abbatiale et le Musée allemand des Abeilles.

Le parc de Tiefurt se trouve, tout comme avant, à l'extérieur de la ville. Son petit château d'aspect plutôt désolant mais qui n'en demeure pas moins digne d'être vu, était autrefois habité par le fermier du domaine. Lorsqu' Anna Amalia se retira de la politique, en 1775, elle fit transformer cette maison dans laquelle elle devait réunir, plus tard, la «Cour des Muses», créant ainsi un pendant au palais Wittum. C'est là qu'une dame de la cour recopia le Faust Primitif (Urfaust), assurant ainsi sa survie pour la postérité. L'Ilm coule également à travers ce parc paysagé et aménagé à l'anglaise. Elle y décrit une vaste courbe au pied d'une colline au versant abrupt. On y trouvera des pierres tombales et des bustes, le premier monument érigé à la mémoire de Mozart en Alle-

magne et un «Temple des Muses», réplique d'un temple circulaire de l'Antiquité. Dans les proches environs du parc se dresse la petite église de village où Liszt venait parfois jouer de l'orgue.

Sur la croupe de la colline, au beau milieu d'un parc, trône le ravissant château de Belvédère, de style rococo. L'une des parties du parc, la plus vaste, est paysagée, l'autre, plus petite, entourant le Château et l'Orangerie, présente l'aspect d'un jardin du XVIIIe siècle, à l'agencement rigoureux.

Le site, aussi propice du point de vue géographique que climatique remplissait tous les critères susceptibles de faire du château et du parc une résidence d'été idéale pour la cour. Christiane, l'épouse de Goethe, allait souvent demander conseil au jardinier de la cour pour son jardin de la maison du Frauenplan. L'Orangerie où hibernaient des plantes exotiques rares fut alors équipée d'un chauffage qui a fonctionné jusqu'à une époque récente. Les naturalistes et experts agricoles y tenaient leurs réunions et Alexander von Humboldt y fit, un jour, une conférence. A la fin du XVIIIe siècle, les «Kavaliershäuser» (Maisons des Cavaliers), qui forment une avant-cour, abritaient une maison d'éducation surveillée destinée aux fils de familles aisées. A peine cent ans plus tard, les artistes de l'«Ecole de peinture» de Weimar y célébraient leurs fêtes, mais certains professeurs du Bauhaus y habitèrent et y travaillèrent aussi. Après 1945, une Ecole d'Art dramatique vint s'y installer et y aménagea un petit théâtre où, de temps à autre, ont lieu, aujourd'hui encore, certaines représentations.

Même si cela peut paraître étrange, nous ajouterons deux cimetières à ce chapitre consacré aux parcs. Le grand Cimetière Historique que l'on trouve non loin de la Geschwister-Scholl-Straße est parfois appelé «Parc des Morts». En effet, l'allée étroite

Eichensärge mit den Namen Goethes und Schillers, wie beigeordnet die der Großherzöge und Herzoginnen. Nur Maria Pawlowna, die Zarentochter, hat ihre eigene Gruft; aber fast sinnbildlich führt von dieser ein Gang hinüber zur großen Gruft, in der ihr Gatte Carl Friedrich neben anderen Herren des Hauses Wettin ruht.

Der Park hat einen besonderen Charakter, weil außer der Fürstengruft keine großartigen Mausoleen oder andere auffällige Monumente errichtet wurden. Man findet hier die Grabstätten fast aller bedeutenden Persönlichkeiten der klassischen und nachklassischen Epoche, von Charlotte von Stein bis Johann Peter Eckermann, vom Staatsmann bis zur Malerin, doch ihre Gräber sind zurückhaltend gestaltet. So erlebt der Besucher auch hier eine Stimmung, die er zwar von anderen Friedhöfen kennt, die aber doch ganz eigen ist in ihrer stillen Mahnung an vergangene Größe.

Der weit kleinere Gottesacker um die Jacobskirche ist älter als der Historische Friedhof. An der Kirchenwand steht die Grabplatte von Lucas Cranach d. Ä., der 1553 in Weimar starb. Hier ruhen Goethes Christiane und die Schauspielerin Christiane Becker sowie der Theatermeister Johann Martin Mieding. In einem Mausoleum nahe der Mauer wurde Schiller 1805 beigesetzt — ein Sarg unter etlichen anderen. Um dieses Begräbnis rankten sich in der Vergangenheit Erzählungen, in denen behauptet wurde, man (Goethe?) hätte dem Dichter keine würdige Bestattung gegönnt. Das ist glatter Unsinn, denn zum einen war das Geleit in der dunklen Morgenstunde, wie bei Schillers Begräbnis, durchaus üblich und sogar ein Privileg, zum anderen war das sogenannte „Kassengewölbe" — eben jenes Mausoleum — Beisetzungsstätte für Personen von Stand. Hier ruhten Hofdamen, hier wurde neben vielen anderen Berühmtheiten der Engländer Charles Gore beigesetzt. Freilich geschah dies, indem man die Särge in der Gruft aufeinandersetzte, und so kam es, daß der Weimarer Bürgermeister Schwabe 1823 seine liebe Not hatte, aus den zerfallenen Brettern und Gebeinen Schillers sterbliche Überreste herauszufinden. Dies mag später zu vielen Spekulationen Anlaß gegeben haben. Die Tatsache, daß Goethe wünschte, einmal neben Schiller bestattet zu werden, spricht für sich. Diesem Wunsch entsprach 1827 Großherzog Carl August, als er Schillers Gebeine in die eben erst fertiggestellte Fürstengruft überführen ließ.

Ein sehr kleiner, indessen heute nicht minder bedeutender Friedhof liegt in der Leibniz-Allee, der jüdische. Er war zuerst während der Nazizeit, dann unter der DDR-Führung dem Verfall preisgegeben. Dank der Initiative einzelner Bürger konnte er 1983 wiederhergestellt und der Öffentlichkeit zugänglich gemacht werden. Hier ruht der schon erwähnte Bankier Elkan; hier findet man einen Gedenkstein für die Opfer des Holocaust in Buchenwald. Ein hoher Glockenturm ist auf dem Ettersberg von weitem zu sehen. Dort stand das Lager, in dem von 1937 bis 1945 über 56 000 Menschen einen qualvollen Tod fanden.

Am nördlichen Hang dieses Berges liegen Schloß und Park Ettersberg, nicht eben in bestem Zustand, dennoch sehenswert, weil die Anlage heute noch die planende Hand von Fürst Pückler erkennen läßt. Dort führte Goethe unter einer Eiche einige seiner kleinen Stücke auf, und Hans Christian Andersen las vor dem Hof aus seinen Märchen.

Maria Pavlovna, the Tsar's daugher, has her own separate tomb; but in an almost symbolic way a passage leads from it across to the large tomb in which her husband Carl Friedrich rests alongside other lords of the house of Wettin.

The park has something special about it because apart from the royal tomb there are no grand mausoleums or other striking monuments. What you do find here are the graves of almost all the important personages of the classical and post-classical epochs, from Charlotte von Stein to Johann Peter Eckermann, from statesman to female painter, but their graves are all modestly designed. Thus here too the visitor experiences an atmosphere which, though he is familiar with it from other cemeteries, is nevertheless quite unique in its silent reminder of past greatness.

The much smaller Gottesacker, or "God's Acre," around St Jacob's Church is older than the Historic Cemetery. By the church wall is the gravestone of Lucas Cranach the Elder, who died in Weimar in 1553. Goethe's Christiane and the actress Christiane Becker lie here, and likewise the theatre director Johann Martin Mieding. In 1805 Schiller was laid to rest in a mausoleum near the wall, his coffin being one of several there. In the past tales were rife to the effect that people (or possibly Goethe?) had denied him a fitting burial. This is sheer nonsense, for in the first place it was quite common and even deemed a privilege for a funeral to take place, as in Schiller's case, in the early morning darkness, and secondly the so-called "poor man's vault"—in other words the mausoleum—was a burial place for people of rank. Ladies of the court were laid to rest here. In addition to many other well-known people the Englishman Charles Gore was buried here. Admittedly this was done by piling the coffins on top of each other in the tomb, and so it came to pass that in 1923 Mayor Schwabe of Weimar had his work cut out to track down Schiller's mortal remains amongst the decaying planks of wood and skeletons. It is this which may later have given rise to so much speculation. The fact that Goethe wished to be buried next to Schiller speaks for itself. Grand Duke Carl August fulfilled his wish in 1827 by having Schiller's remains transferred to the newly-completed royal tomb.

A very small, but nowadays no less significant cemetery lies in Leibniz-Allee. This is the Jewish Cemetery. It was left to fall into decay, first in the Nazi period and later under the GDR leadership. Thanks to the initiative of individual citizens, in 1983 it was restored and opened to the public. Here lies the banker Elkan whom we have already mentioned. Here too there is a memorial tablet to the victims of the Holocaust in Buchenwald.

You can see the tall bell-tower on the Ettersberg from a distance. This is the site of the camp where between 1937 and 1945 more than 56,000 people met an agonizing death.

On the northern slope of the hill lie the palace and park of Ettersburg, which, though not in the best of condition, are nevertheless worth a visit, because still today the hand of Prince Pückler is evident in the planning of the gardens. There under an oak tree Goethe presented performances of some of his shorter plays, and here in the courtyard Hans Christian Andersen read from his fairy-tales.

partant de l'entrée au jardin Poseck n'est bordée, à droite et à gauche, que de quelques rares tombes isolées. Elle mène en droite ligne au caveau princier, à l'arrière duquel se haussent les coupoles dorées de l'église orthodoxe russe. C'est dans ce caveau que se trouvent les cercueils de chêne de Goethe et de Schiller et, comme subordonnés à ces derniers, ceux des grands-ducs et grandes-duchesses. Seule Maria Pawlowna, la fille du tsar, a son propre caveau; mais, comme par symbole, un passage mène de son tombeau au grand caveau, où repose son époux, Charles Frédéric, aux côtés d'autres personnages éminents de la maison de Wettin.

Le parc revêt un caractère particulier car, en dehors du caveau princier, aucun mausolée d'importance ou autre monument marquant n'y ont été érigés. On y trouve les tombes de presque toutes les grandes personnalités de l'époque classique et post-classique, de Charlotte von Stein à Johann Peter Eckermann, de l'homme d'Etat à la femme-peintre, tombes qui, toutes, sont d'un aspect fort humble. Ainsi le visiteur y ressentira une atmosphère qui, bien que commune à d'autres cimetières, adopte ici un caractère tout particulier du fait que la mémoire des grands hommes des siècles passés y soit évoquée dans une paix aussi sereine.

Le cimetière, de moindres dimensions, entourant la Jacobskirche (l'église Saint-Jacques) est bien plus ancien que le Cimetière Historique. La dalle funéraire de Lucas Cranach l'Ancien, qui mourut en 1553 à Weimar, est enchâssée dans le mur de l'église. C'est là que repose Christiane, l'épouse de Goethe, de même que l'actrice Christiane Becker et Johann Martin Mieding, directeur de théâtre. Schiller fut inhumé, en 1805, dans un petit mausolée, à proximité de ce mur — un cercueil parmi d'autres. Dans le passé, tout un mythe est venu se former autour de ses obsèques. On a prétendu qu'on (Goethe?) avait refusé au poète d'être dignement inhumé, ce qui est parfaitement absurde, car, d'une part, il était alors chose courante, voire même un privilège, d'enterrer les défunts au petit matin; d'autre part, ce mausolée — appelé aussi «Kassengewölbe» — était un lieu de sépulture réservé aux personnes bien nées. Y furent enterrées des dames de la cour ainsi que l'Anglais Charles Gore, à côté de nombreux autres personnages célèbres. Cela n'était d'ailleurs possible qu'en empilant les cercueils dans le caveau; c'est ce qui explique que le bourgmestre de Weimar,

Schwabe, eut bien du mal, en 1823, à identifier, parmi les débris de planches délabrées, la dépouille mortelle de Schiller. Et c'est ce qui a pu donner lieu, par la suite, aux nombreuses spéculations. Le fait que Goethe ait souhaité être enterré aux côtés de Schiller, est suffisamment éloquent. En 1827, le grand-duc Charles Auguste vint satisfaire à ce désir en faisant transférer les ossements de Schiller dans le caveau princier qui venait tout juste d'être achevé.

Un minuscule cimetière, qui n'en est pas moins important pour autant, se trouve dans l'Allée Leibniz, le cimetière juif. Il fut laissé à l'abandon sous le régime nazi, puis sous le gouvernement de la RDA. C'est à l'initiative de plusieurs habitants qu'il put être remis en état, en 1983, et rendu accessible au public. Le banquier Elkan, dont nous avons déjà mentionné le nom, y repose et l'on y trouvera le mémorial érigé en souvenir des victimes de l'Holocauste du camp de Buchenwald.

La haute tour d'horloge, sur la colline d'Ettersberg, s'aperçoit de loin. Elle symbolise l'emplacement de ce camp où plus de 56.000 personnes trouvèrent une mort atroce entre 1937 et 1945.

Sur le versant nord de ces hauteurs, on remarquera le château et le parc d'Ettersburg, qui, bien que dans un état pitoyable, n'en est pas moins digne d'intérêt. En effet, l'ensemble permet de reconnaître aujourd'hui encore la main planificatrice du prince Pückler. C'est là aussi, sous un chêne, que, devant la cour, Goethe représenta certaines de ses petites pièces et que Hans Christian Andersen lut des passages extraits de ses contes.

„Übermütig siehts nicht aus", bemerkte Johann Wolfgang von Goethe über sein bescheidenes Gartenhaus nahe der Ilm. Doch die Naturnähe war ihm wichtiger als jeder Komfort. Hier entstanden bedeutende Dichtungen, unter anderem das „Lied an den Mond".

"It doesn't look too showy", remarked Johann Wolfgang von Goethe of his modest garden house near the River Ilm. Closeness to nature was more important for him than any kind of luxury. Here he composed some distinguished poems, including his famous „Ode to the Moon."

«Cela n'a rien de bien majestueux», disait Goethe en parlant de son modeste pavillon des bords de l'Ilm. La proximité de la nature était en effet plus importante à ses yeux que le confort, quel qu'il fût. Des poèmes, dont «L'Ode à la lune», y virent le jour.

Herzog Carl August schenkte Goethe dieses Gartenhaus im Jahr 1776. Der Dichter wohnte darin mit seinem Diener bis 1782. Nur im Winter bezog er eine Wohnung in der Stadt. Alles atmet noch den Geist des unermüdlich forschenden und schaffenden Dichters; der hohe Hocker rechts hinten mag so manches Mal die aufkommende Müdigkeit vertrieben haben.

Duke Carl August gave Goethe this garden house in 1776. Goethe lived here with his servant until 1782. Only in winter did he move into his town quarters. Still today everything exudes the spirit of the writer and his tireless investigative and creative work. One can imagine the high stool on the right often being used to dispel the tiredness that threatened to overcome him.

C'est en 1776 que le duc Charles Auguste fit don de ce pavillon à Goethe. Le poète y habita en compagnie de son serviteur jusqu'en 1782. L'hiver seulement, il allait s'installer en ville. Tout ici respire l'esprit du chercheur et créateur que n'a cessé d'être le poète. Le haut tabouret, au fond, à droite, aura certainement dissipé, plus d'une fois, les premiers signes de fatigue de l'écrivain.

Die „Sternbrücke" wurde
Mitte des 17. Jahrhunderts
erbaut, um vom Schloß
aus über die Ilm auf die
bergan führende Allee zu
gelangen. Der „Stern" war
ein frühbarocker Schloß-
garten, den es heute nicht
mehr gibt. Die Wasser des
Flüßchens rauschen wie
damals über das Wehr —
eine Idylle mitten in der
Stadt.

The Sternbrücke was built
in the mid-17th century to
provide a crossing from
the palace over the River
Ilm to the avenue leading
uphill. The Stern, or star,
was an early Baroque
palace garden which no
longer exists. The narrow
river waters still roar over
the weir as they did in
days gone by—an idyllic
scene in the heart of the
town.

Le «Sternbrücke», le «Pont
étoilé» fut construit vers le
milieu du XVIIe siècle
pour enjamber l'Ilm et
faire communiquer le
Château et l'allée montant
vers les collines. L'«Etoile«
était alors un jardin entourant un château, aménagé
au début de l'époque baroque, jardin qui n'existe
plus aujourd'hui. Tout
comme jadis, les eaux de
la petite rivière dévalent le
barrage en bruissant —
image idyllique au cœur
de la ville.

Der Sohn des Herzogs
Carl August, Carl Fried-
rich, führte 1804 eine
Zarentochter als Gattin
heim nach Weimar: Maria
Pawlowna. Für sie wurde
später diese russisch-
orthodoxe Kapelle neben
der Fürstengruft errichtet.
Hier ruhen die Gebeine
Johann Wolfgang von
Goethes und Friedrich
Schillers neben denen der
Fürsten.

In 1804 Carl Friedrich,
son of Duke Carl August,
brought home to Weimar
a Tsar's daughter, Maria
Pavlovna, as his wife. This
Russian Orthodox chapel
next to the royal mauso-
leum was later built for
her. Here the writers
Johann Wolfgang von
Goethe and Friedrich
Schiller are laid to rest
alongside the dukes.

Le fils du duc Charles
Auguste épousa la fille
d'un tsar, Maria Pavlovna,
et la ramena à Weimar en
1804. La chapelle ortho-
doxe russe fut érigée plus
tard à son intention, à
côté du caveau princier.
C'est ici, aux côtés des
princes, que reposent
Johann Wolfgang von
Goethe et Friedrich
Schiller.

Der Landschaftspark mit
den großen alten Bäumen,
die das heitere Rokoko-
schloß Belvedere umgeben,
bietet reizvolle Ansichten
und manche Überraschung
in Gestalt kleiner Wasser-
spiele, Grotten oder Lau-
ben. Die Orangerie prä-
sentiert exotische Gewächse und eine Sammlung
historischer Kutschen.

The landscaped park with
its huge, ancient trees sur-
rounding the bright Roco-
co palace of Belvedere
provides delightful views
and many surprises in the
shape of little fountains,
grottos and arbours. The
Orangerie houses a display
of exotic plants and a
collection of historic
carriages.

Le parc paysagé où se
dressent de grands arbres
séculaires entoure le Château du Belvédère, érigé
dans le style enjoué du
rococo. Il s'en dégage des
perspectives pleines de
charme. Il réserve égale-
ment au visiteur plus
d'une surprise, que celle-ci
prenne la forme d'un petit
jet d'eau, d'une grotte ou
d'une ravissante charmille.
L'Orangerie héberge des
plantes exotiques et une
collection de calèches
historiques.

Wer das frühe Aufstehen
nicht scheut, sollte nach
Tiefurt fahren und die
Morgenstimmung im Park
genießen. Nach einem
erholsamen Spaziergang
kann man im Schloß
die höfische Wohnkultur
mit ihrer Vorliebe für
antike und klassizistische
Kunst bewundern.

Early risers should go to
Tiefurt to enjoy the early
morning atmosphere in the
park. After a refreshing
walk one can admire the
courtly lifestyle with its
predilection for the art of
the ancient world and the
Classical period.

A tous ceux qui ne
craignent pas de se lever
tôt, nous recommandons
une visite du parc de Tiefurt, qui leur permettra de
jouir de l'atmosphère toute
particulière qui se dégage
du parc à cette heure
matinale. Après une pro-
menade reposante, ils
pourront admirer l'art de
vivre de la cour et son
penchant pour l'antiquité
et le néo-classicisme.

Der Musentempel zu
Tiefurt ist ein Wahr-
zeichen dieses wundervol-
len Landschaftsparks, den
die Ilm in weitem Bogen
umfließt. In der Nähe dieses Tempels führte man
1782 bei Fackel- und Holz-
feuerschein Goethes Sing-
spiel „Die Fischerin" auf.
Die Ilm spielte mit.

The Temple of the Muses
at Tiefurt is an emblem of
this wonderful landscaped
park, around which the
River Ilm flows in a broad
sweep. In 1782 Goethe's
"Fisherwoman" was per-
formed near this temple by
torch- and firelight, with
the Ilm providing the set.

Le «Temple des Muses»
à Tiefurt est un des sym-
boles de ce magnifique
parc paysagé que l'Ilm en-
serre de son cours. A proximité du Temple, la
«Pêcheuse», vaudeville à
couplets de Goethe, fut
mis en scène en 1782, à la
lueur des flambeaux et de
feux de bois. L'Ilm y
jouait également son rôle.

Anlässe, ein Jubiläum zu begehen, gibt es in Weimar genug, der wichtigste Anlaß ist natürlich Goethe. Die Feiern seines 100. Todestages im Jahr 1932 und seines 200. Geburtstages im Jahr 1949 sind in Erinnerung geblieben.

Auch heute noch gibt sich der Dichter Johann Wolfgang von Goethe alljährlich die Ehre, in sein Haus am Frauenplan und in den Garten zu einem Gedenktrunk einzuladen. Meist ist das Fest mit einer heiteren Darstellung eines seiner kleinen Werke im Kostüm seiner Jugendtage verbunden. Selbstverständlich kommen nur geladene Gäste, wie es sich bei einem Geheimrat gehört. Vor der Tür des Hauses aber, auf dem Frauenplan, kann zu spätsommerlicher Zeit jedermann am Weinfest teilnehmen, zu dem Winzer aller Weinbaugegenden Deutschlands ihre Kostproben schicken.

Ein wahres Volksfest findet jedes Jahr im Oktober statt, der „Zwiebelmarkt". Dieses Marktfest wird bereits seit einigen hundert Jahren abgehalten, nachgewiesen ist es erstmals 1653. Orte der Handlung sind hauptsächlich die Schillerstraße und der Markt, doch wächst mit steigender Besucherzahl das Bestreben, weitere Plätze mit mehr oder weniger festen Ständen zu besetzen. Es werden, nach altem Brauch, vor allem Zwiebeln angeboten, meist sogar kunstvoll mit Strohblumen und Getreideähren zu wunderschönen Zöpfen geflochten. Solch ein Zwiebelzopf ist als Weimar-Souvenir mindestens so wertvoll wie ein Goethe-Barometer, nur nicht so dauerhaft.

Das „Kunstfest Weimar" mauserte sich von gutgemeinter Provinzialität — die freilich nicht aus Weimar kam — zu einem des Ortes würdigen Ereignis. Erstrangige internationale und deutsche Künstler lassen Theater und bildende Kunst, Musik und Tanz durch ihr modernes Verständnis der Klassik zum Erlebnis werden. Nicht im Deutschen Nationaltheater und den Galerien allein finden die Veranstaltungen statt, einbezogen sind auch Schloß und Schloßhof, Parks und Plätze.

Ebenfalls zur Sommerzeit gibt es in Ettersburg die „Europäische Kulturwerkstatt", die vor allem junge Menschen anzieht. Im herrlichen Park, genau dort, wo Goethe seine Erstfassung der „Iphigenie" aufführte, erlebt man jugendliche Theatergruppen und Puppenspieler, besucht die Open Air Exposition junger Bildhauer unter alten Eichen, denen Schiller vielleicht zuerst die Verse seiner „Maria Stuart" vorsprach.

Der Kasseturm am Goetheplatz ist für junge Leute da, er bietet Disco und Diskussionen, Kunst und Vergnügen. Gleich nebenan, im „Mon Ami", treffen sich ebenfalls vor allem junge Menschen; auch die „Literarische Gesellschaft", der nicht nur Literaten angehören, hat dort ihren Sitz. In der Schützengasse gibt es einen Studentenclub, die große Mensa am Park wird in der Faschingszeit tagelang zum Haus junger Narren. Aber auch ältere werden wohlwollend geduldet.

Jugendliche brachten vor 1989 bereits das kleine Wunder zustande, alternativer Kunst und alternativem Denken eine seinerzeit noch recht bescheidene Heimstatt zu verschaffen. Am erfolgreichsten war das „Alternative Cultur-Centrum" (ACC) am Burgplatz; den Initiatoren gelang zugleich die Rettung eines historischen Gebäudes. Der Name der Galerie „Goethe trifft Nina" ist Programm.

Unmittelbar an das ACC mit seiner Gedenktafel, die an Goethes erste Wohnung in Weimar erinnert, schließt ein traditionsreiches Lokal an, das Residenzcafé, kurz „Resi" genannt. Dort etablierte sich um 1840 ein Konditor, der nach der Kürzung des Hofetats im Sturmjahr 1848 an die Stelle des Hofbäckers trat.

Wer Weimar besucht, kann sich mit leichter Wehmut der nostalgischen Betrachtung hingeben, wie harmonisch und schön früher alles war. Er sei jedoch mit Goethe gewarnt: „Es ist zu allen Zeiten und in allen Ländern miserabel gewesen. Die Menschen haben sich stets geängstigt und geplagt, sie haben sich untereinander gequält und gemartert, sie haben sich und andern das bißchen Leben sauer gemacht . . ." (zu Luden, 1806). Daß das lebendige Weimar unserer Tage aber durchaus eine Reise wert ist, kann jeder bestätigen, der schon einen Spaziergang durch die Gassen der Stadt unternommen hat.

In Weimar, there are plenty of reasons to celebrate, the most important of them, of course, being Goethe. People still recall the celebrations for the hundredth anniversary of his death in 1932 and the two hundredth anniversary of his birth in 1949. To this day, once a year the poet Johann Wolfgang von Goethe has the pleasure of inviting guests into his house and garden on Frauenplan for a commemorative drink. The occasion is usually accompanied by a light-hearted performance of one of his shorter works in the costume of his younger days. Naturally, only invited guests may attend, as is fitting for a Privy Councillor. But in front of the house, on Frauenplan, anyone can participate in the late summer wine festival, to which wine-producers from all wine-growing regions of Germany send samples of their products.

Every year in October there is a genuine folk festival, the "Zwiebelmarkt" or "Onion Market." This market festival goes back a few hundred years. Indeed it is first mentioned as having taken place in 1653. The scene of activities is mainly Schillerstrasse and the market square, but with ever-increasing numbers of visitors there are efforts to extend into other areas with more or less permanent stands. In keeping with the old tradition, it is mainly onions which are on sale, usually woven into beautiful plaits with dried flowers and ears of corn. An onion plait like this is just as worthy a souvenir of Weimar as a Goethe barometer, only of course it doesn't keep as long.

The Weimar Arts Festival has developed from a well-intentioned provincial affair (admittedly, its provincial character didn't originate in Weimar) into an event worthy of the place. Modern interpretations of the classics by top-class international and German artists make theatre and fine arts, music and dance into a memorable experience. The events are held not only in the German National Theatre and the galleries, but also in the palace and palace courtyard, parks and squares.

Another summertime event is the Workshop of European Culture held in the Ettersburg palace and grounds, attracting predominantly young people. The main venue is the magnificent park, the very place where Goethe presented his first version of "Iphigenie." Here one can watch performances by youthful theatre groups and puppeteers, or visit the open air exhibition of young sculptors laid out under the ancient oaks to which Schiller might first have recited the verses of his play "Maria Stuart."

The Kasseturm on Goetheplatz is a centre for young people, providing disco and discussions, art and entertainment. The "Mon Ami" next door is also a meeting place mainly for young people, though the Literary Society, whose members are by no means all literati, is also based there. In Schützengasse there is a student club, and during Fasching the large refectory by the park is a day-long haunt of young carnival fools, though older people are also good-naturedly tolerated.

It was young people too who even before 1989 achieved the minor miracle of creating a base, albeit at that time a modest one, for alternative art and alternative thinking. The most successful initiative was the Alternative Culture Centre (ACC) on Burgplatz, where the initiators simultaneously managed to save a historic building. The name of the gallery, "Goethe meets Nina," speaks for itself.

Immediately adjacent to the ACC with its commemorative tablet recalling Goethe's first home in Weimar is an establishment steeped in tradition, the Residenzcafé, or "Resi" for short. There in around 1840 a confectioner set up shop. In the revolutionary year of 1848 when the court budget was cut back he took over from the court baker.

It is easy for a visitor to Weimar to succumb with a slight sense of melancholy to the nostalgic contemplation of how harmonious and beautiful everything must have been in the old days. Let him heed Goethe's warning: "At all times and in all lands life has always been wretched. Human beings have always frightened and tormented one another, they have tortured and martyred each other, they have ruined this little life for themselves and others . . ." (letter to Luden, 1806). But anyone who has taken a walk through the alleys of the town can confirm that the living Weimar of our times is definitely worth a visit.

Les occasions de commémorer personnes et événements ne manquent pas à Weimar, la plus importante de toutes étant, bien naturellement, Goethe. Les fêtes du centième anniversaire de sa mort, en 1932, et du bicentenaire de sa naissance en 1949 ont fait date.

Aujourd'hui encore, Johann Wolfgang Goethe se fait l'honneur chaque année, d'inviter à une petite cérémonie accompagnée de rafraîchissements, dans sa maison et son jardin du Frauenplan. La plupart du temps la fête culmine dans la représentation d'une de ses œuvres mineures en costume d'époque. Il va sans dire que seules les personnes conviées y sont admises, comme il en est de mise pour un «Geheimrat» (un Conseiller secret). Toutefois, chacun peut participer, devant la porte de sa maison en bordure du Frauenplan, à une fête du vin, qui se tient à la fin de l'été et à laquelle les vignerons de toutes les régions viticoles d'Allemagne envoient leurs produits aux fins de dégustation.

Une véritable fête populaire a lieu tous les ans au mois d'octobre, le «Marché aux oignons» dont la tradition remonte à plusieurs centaines d'années, le premier ayant été mentionné en 1653. Les réjouissances se déroulent principalement dans la Schillerstraße et sur la Place du Marché, mais le nombre croissant des visiteurs fait que l'on envisage d'occuper d'autres places à cet effet et d'y installer des stands plus ou moins définitifs. Selon la coutume on y vend surtout des oignons, souvent présentés sous forme de magnifiques tresses confectionnées avec art, où se mêlent épis et fleurs séchées. Une tresse de ce genre est un souvenir de Weimar aussi appréciable qu'un baromètre à l'effigie de Goethe, même si elle n'est pas aussi durable.

«La Fête de l'Art de Weimar» est devenue lentement mais sûrement un des événements les plus dignes de cette ville tout en ayant connu des débuts plutôt «provinciaux». Des artistes de haut rang, allemands et étrangers, contribuent par leur vision moderne de la période classique à faire du théâtre, des arts plastiques, de la musique et de la danse des événements de grande portée. Les représentations n'ont pas lieu seulement au Deutsches Nationaltheater et dans les galeries, mais le château, la cour de ce dernier, les parcs et les places en constituent également le cadre.

A la même époque de l'année, en été, s'ouvre également à Ettersburg, l'«Atelier Culturel européen» qui attire avant tout les jeunes. Dans le superbe parc, à l'endroit même où Goethe mit en scène sa version initiale d'«Iphigénie», on peut alors assister aux représentations de groupes de théâtres de jeunes artistes et de montreurs de

marionnettes; les jeunes sculpteurs de l'Open Air Exposition invitent, eux, sous les chênes séculaires, auxquels Schiller lut peut-être des passages de «Maria Stuart».

La Tour «Kasseturm», en bordure de la Place Goethe, est à la disposition de ce jeune public et propose discussions, activités artistiques et distractions, dont une discothèque. Situé juste à côté, «Mon Ami» est le lieu de rencontre d'un public en majorité jeune et la «Literarische Gesellschaft», cercle littéraire dont ne font pas partie que des hommes de lettres y tient ses séances. Un club d'étudiants se trouve dans la Schützengasse et, à l'occasion du Carnaval, la grande Mensa, le restaurant universitaire, près du parc, est envahie par les jeunes «Fous». Mais leurs aînés y sont bienveillamment tolérés.

C'est aussi à des jeunes que l'on doit d'avoir accompli, avant 1989, le miracle qui consista à concéder une place, bien modeste il est vrai, à une forme alternative d'expression artistique et intellectuelle. Le «Alternatives Cultur-Centrum» (ACC), près de la Burgplatz fut le plus actif en la matière. Les initiateurs réussirent à sauver de la ruine un bâtiment historique. Le nom de la galerie «Goethe rencontre Nina» en dit long.

A côté de l'ACC qui arbore une plaque rappelant que Goethe y habita pendant les premiers temps de sa vie à Weimar, se trouve un restaurant à la tradition féconde, le Residenz-Café, appelé tout simplement «Resi». En 1840, un patissier vint s'y établir en remplacement du boulanger de la cour, victime des coupes sombres opérées sur le budget au cours de l'année tempétueuse que fut 1848. Face à l'harmonie et à la beauté du Weimar des temps passés, le touriste, venu à la découverte de Weimar, se laissera peut-être aller, avec une certaine mélancolie, à un regret plein de nostalgie. Mais Goethe est là pour le mettre en garde: «De tout temps et dans tous les pays, la vie fut misérable. Les hommes n'ont cessé de vivre dans l'angoisse et de se tourmenter, ils se sont torturés et suppliciés les uns les autres, envenimant le peu de vie qu'ils avaient...» (à Luden, 1806). Tous ceux, pourtant, qui ont flâné à travers les ruelles de la ville se devront d'avouer que le Weimar de notre époque vaut bien la visite.

Hier wohnte von 1776 bis 1803 der Generalsuperintendent und Prediger der Kirche St. Peter und Paul: Johann Gottfried Herder. Er mußte nur die schmale Gasse überqueren, um auf seine Kanzel steigen zu können. In diesem Haus schrieb Herder die meisten seiner Werke, ein Beispiel sind die berühmten „Briefe zur Beförderung der Humanität".

Johann Gottfried Herder, superintendent-general and preacher at the church of SS Peter and Paul, lived in this house from 1776 to 1803. He had only to cross the narrow alley to be able to climb into his pulpit. Herder wrote most of his works in this house, including the famous "Letters for the Advancement of Humanity."

C'est ici que vécut le «superintendant général» Johann Gottfried Herder, prédicateur en l'église Saint-Pierre-et-Paul de 1776 à 1803. Il n'avait qu'à traverser l'étroite venelle pour monter en chaire. Herder écrivit la majorité de ses œuvres dans cette maison, dont les célèbres «Lettres sur les progrès de l'humanité».

Allmählich erhalten die Gassen der Altstadt wieder ihr charaktervolles Gesicht; Bürgerhäuser werden restauriert. Nicht nur die bekannten Gebäude verleihen der Stadt Weimar ihr besonderes Flair, sondern auch die Mischung aus dem 18. und 19. Jahrhundert. Im Bild zu erkennen ist eine Ansicht der Vorwerksgasse, sie fällt vom Herderplatz in Richtung Marstall leicht ab.

The Altstadt alleys are gradually regaining their picturesque character, as private houses are restored. It is not just the well-known buildings which give the town of Weimar its own particular flair, but also the mixture of 18th and 19th century architecture. This photo shows a view of Vorwerksgasse, which slopes down from Herderplatz towards the Marstall.

Les ruelles de la vieille ville retrouvent peu à peu leur physiognomie d'antan, si caractéristique. Certaines maisons bourgeoises sont en voie de restauration. Les édifices connus de Weimar ne sont pas les seuls à faire naître l'atmosphère toute particulière qu'est celle de Weimar. Elle la doit également au mélange de styles des XVIIIe et XIXe siècles. Sur la photographie, on reconnaîtra la Vorwerksgasse: partant de la Place Herder, elle s'incline en pente douce vers le Marstall, les anciennes écuries princières.

Die helle Gestalt Shake-speares blickt aus dem Grün des Ilm-Parks hervor. Das Denkmal wurde 1904 von der Deutschen Shakespeare-Gesellschaft gestiftet. Dahinter ist die künstliche Ruine zu sehen, in die Bruchstücke aus dem alten Schloß eingefügt wurden, das 1774 abbrannte.

The pale figure of Shakespeare peeks out of the Ilm Park greenery. The monument was donated in 1904 by the German Shakespeare Society. Behind it you can see the mock ruin incorporating fragments of the old palace which burned down in 1774.

La silhouette pâle de Shakespeare émerge de la verdure du Parc de l'Ilm. Ce monument est un don, fait en 1904 par la Deutsche Shakespeare-Gesellschaft. A l'arrière-plan, on aperçoit des ruines, factices, auxquelles furent intégrés des pans de l'ancien château anéanti par un incendie en 1774.

Johann Wolfgang von Goethe war maßgeblich beteiligt an der Gestaltung des Parks an der Ilm. Das „Römische Haus", errichtet zwischen 1792 und 1797, hat Zeichnungen des Dichters zum Vorbild, die er von seiner Italienreise mitbrachte. Das Gebäude diente Herzog Carl August als Sommersitz.

Johann Wolfgang von Goethe played a leading role in the design of the park by the River Ilm. The "Roman House", built between 1792 and 1797, is based on drawings the writer made during his Italian journey. The building served Duke Carl August as a summer residence.

Johann Wolfgang von Goethe a largement contribué à la création du parc de l'Ilm. La «Maison romaine», érigée de 1792 à 1797, fut conçue d'après les dessins rapportés par le poète de son voyage en Italie. Cet édifice servait de résidence d'été au duc Charles Auguste.

Wer einen Besuch in Weimar plant, sollte auch die wichtigsten Sehenswürdigkeiten der Stadt miteinbeziehen. Die folgende Übersicht umfaßt genaue Anschriften und Informationen für eine kulturelle Entdeckungstour. Die aktuellen Öffnungszeiten sind unter der jeweils angegebenen Telefonnummer zu erfragen.

Anyone planning a visit to Weimar should take in the town's main places of interest. The following selection includes precise addresses and information for a cultural journey of discovery. Current opening times can be obtained by ringing the relevant telephone number given below.

Quiconque projette de se rendre en visite à Weimar, ne devra pas passer outre aux principales curiosités que recèle la ville. Le lecteur trouvera dans la liste ci-après adresses exactes et informations lui permettant de partir à la découverte culturelle de la ville. Les renseignements concernant les heures d'ouverture actuelles peuvent être obtenus en appelant l'abonné correspondant dont le numéro de téléphone figure sur la liste.

Sehenswürdigkeiten der Klassik
Classical places of interest
Curiosités de la periode classique
Goethes Wohnhaus am Frauenplan und Goethemuseum, Auskunft über den Besucherservice der Stiftung Weimarer Klassik
Goethe's house on Frauenplan and the Goethe Museum: information from the Stiftung Weimarer Klassik visitor service
Maison de Goethe et Musée Goethe. Renseignements auprès du Service d'accueil de la Stiftung Weimarer Klassik
Tel. 0 36 43 / 6 43 86

Goethes Gartenhaus im Park an der Ilm, Informationen über den Besucherservice der Stiftung Weimarer Klassik
Goethe's garden house in the park by the Ilm: information from the Stiftung Weimarer Klassik visitor service
Pavillon de Goethe dans le Parc de l'Ilm. Informations auprès du Service d'accueil de la Stiftung Weimarer Klassik
Tel. 0 36 43 / 6 43 86

Schillers Wohnhaus mit Schillermuseum. Auskunft über den Besucherservice der Stiftung Weimarer Klassik
Schiller's house and Schiller Museum, information from the Stiftung Weimarer Klassik visitor service
Maison de Schiller et Musée Schiller. Renseignements auprès du Service d'accueil de la Stiftung Weimarer Klassik
Schillerstraße/Neugasse 2
Tel. 0 36 43 / 6 43 86

Schillerwohnung mit Gedenktafel,
Windischenstraße 8 (Zweite Wohnung Schillers, 1799−1802) und Frauentorstr. 21 (Erste Wohnung Schillers, 1787), nicht zu besichtigen, private Wohnungen
Schiller residence and memorial plaque, Windischenstrasse 8 (second Schiller residence, 1799−1802) and Frauentorstrasse 21 (first Schiller residence, 1787): not open to visitors, private homes
Domicile de Schiller avec plaque commémorative (Deuxième logement de Schiller, 1799−1802) et Frauentorgasse 21 (Premier logement de Schiller, 1787). Ne peut être visité, appartements privés

Haus der Frau von Stein, Ackerwand 27, nicht zu besichtigen, in einem Teil des Gebäudes befinden sich heute Fremdenzimmer. Fahrt zu der Goethegedenkstätte Schloß und Park Großkochberg (Wohnsitz der Familie von Stein) 30 km in Richtung Rudolstadt.
Frau von Stein's house, Ackerwand 27: not open for viewing, but one part of the building now provides visitors' accommodation. Journey to Goethe memorial palace and park of Grosskochberg (residence of the von Stein family) 19 miles towards Rudolstadt.
Maison de Madame de Stein. Non accessible au public. Des chambres d'hôte ont été aménagées dans une partie du bâtiment. De cet endroit, on peut rejoindre le mémorial Goethe au Château et parc de Großkochberg (Demeure de la famille von Stein), situés à 30 km en direction Rudolstadt.

Stadtkirche St. Peter und Paul (Herderkirche) mit Herder-Denkmal
Church of SS Peter and Paul (Herder church) and Herder monument
Eglise St-Pierre-et-Paul (Eglise Herder) et monument érigé à la mémoire de Herder
Herderplatz
Tel. 0 36 43 / 23 28

Historischer Friedhof mit Fürstengruft und russisch-orthodoxer Kapelle. Informationen über den Besucherservice der Stiftung Weimarer Klassik
Historic Cemetery with royal mausoleum and Russian Orthodox chapel: information from the Stiftung Weimarer Klassik visitor service
Cimetière Historique abritant le caveau princier et la Chapelle orthodoxe russe. Se renseigner auprès du Service d'accueil de la Stiftung Weimarer Klassik
Am Poseckschen Garten
Tel. 0 36 43 / 6 43 86

Wittumspalais mit Wielandmuseum, Eingang: Am Palais 3, Auskunft über den Besucherservice der Stiftung Weimarer Klassik
Wittum Palace and Wieland Museum, entrance: Am Palais 3: information from the Stiftung Weimarer Klassik visitor service
Palais Wittum avec Musée Wieland. Entrée: Am Palais 3. Renseignements auprès du Service d'accueil de la Stiftung Weimarer Klassik
Tel. 0 36 43 / 6 43 86

Hochschule für Musik „Franz Liszt" (ehem. Fürstenhaus), nicht zu besichtigen
Franz Liszt Academy of Music (former royal residence), not open to visitors
Conservatoire de Musique «Franz Liszt» (Autrefois demeure princière); ne peut être visité
Platz der Demokratie
Tel. 0 36 43 / 55 50

Herzogin Anna-Amalia-Bibliothek, Rokokosaal zu besichtigen
Duchess Anna Amalia Library, Rococo Hall open to visitors
Bibliothèque de la duchesse Anna Amalia; Salle rococo accessible au public
Platz der Demokratie 1
Tel. 0 36 43 / 54 52 00

Stadtverwaltung (früher Rotes Schloß), nicht zu besichtigen
Municipal offices (former Rotes Schloss), not open to visitors
Administration municipale (Anciennement Rotes Schloss), non accessible aux visiteurs
Markt 13/14
Tel. 0 36 43 / 76 20

Deutsches Nationaltheater Weimar mit Goethe-Schiller-Denkmal
Deutsches Nationaltheater Weimar and Goethe-Schiller monument
Deutsches Nationaltheater de Weimar et Monument Goethe-Schiller
Theaterplatz 2
Vorverkauf/advance bookings/Location des places:
Tel. 0 36 43 / 75 53 34

Jakobskirche und Jakobsfriedhof (Kassengewölbe)
Jakobskirche and cemetery (mausoleum)
Eglise St-Jacques et cimetière (mausolée)
Rollplatz
Tel. 0 36 43 / 6 45 75

Kunstsammlungen zu Weimar, Schloßmuseum, Galerie im Schloß
Weimar art collections, Schlossmuseum, Galerie im Schloss
Collections d'art, Musée du Château, Galerie im Schloß
Burgplatz 4
Tel. 0 36 43 / 6 18 31

Cranachhaus mit Verkaufs-Galerie
Cranachhaus and gallery shop
Maison de Cranach et galerie faisant vente
Markt 12
Tel. 0 36 43 / 37 68

Stadthaus mit Restaurant „Ratskeller", Stadthaus nicht zu besichtigen
Stadthaus and "Ratskeller" restaurant, Stadthaus not open to visitors
Stadthaus et restaurant «Ratskeller». L'hôtel de ville n'est pas accessible aux visiteurs
Markt 10
Tel. 0 36 43 / 6 41 42

Stadtmuseum im Bertuchhaus
Museum of Weimar (Bertuchhaus)
Musée municipal aménagé dans la Bertuchhaus
Karl-Liebknecht-Straße 5−9
Tel. 0 36 43 / 38 68

Kirms-Krackow-Haus, Informationen über den Besucherservice der Stiftung Weimarer Klassik, wird zur Zeit restauriert
Kirms-Krackow-Haus, information from the Stiftung Weimarer Klassik visitor service, currently undergoing restoration
Maison Kirms-Krackow. Renseignements auprès du Service d'accueil de la Stiftung Weimarer Klassik. En cours de restauration
Jakobstraße 10
Tel. 0 36 43 / 643 86

Im Park an der Ilm:
Goethes Gartenhaus, Römisches Haus, Tempelherrenhaus (Ruine), Borkenhäuschen, Shakespeare-Denkmal, Liszt-Denkmal
In the park by the Ilm:
Goethe's garden house, Roman house, Tempelherrenhaus (ruin), tree bark house, Shakespeare monument, Liszt monument
Dans le Parc de l'Ilm:
Pavillon de Goethe, Maison romaine, Tempelherrenhaus (ruine); Borkenhäuschen, Monument à la mémoire de Shakespeare, Monument à la mémoire de Franz Liszt

Nachklassizistische Sehenswürdigkeiten
Post-Classical places of interest
Curiosités post-classiques
Liszt-Haus, Eingang zum Park an der Ilm, Informationen über den Besucherservice der Stiftung Weimarer Klassik
Liszt-Haus, entrance to the Park by the Ilm: information from the Stiftung Weimarer Klassik visitor service
Maison de Liszt; entrée du Parc de l'Ilm. Renseignements auprès du Service d'accueil de la Stiftung Weimarer Klassik
Marienstraße 17
Tel. 0 36 43 / 6 43 86

Rathaus (Stadtverwaltung), nicht zu besichtigen
Rathaus (municipal administration), not open for viewing
Hôtel de ville (Administration municipale); non accessible aux visiteurs
Markt 1
Tel. 0 36 43 / 76 20

Goethe- und Schiller-Archiv
Goethe and Schiller Archives
Archives Goethe et Schiller
Hans-Wahl-Straße 4
Tel. 0 36 43 / 54 52 40

Thüringer Hauptstaatsarchiv Weimar
Thuringian State Archives
Archives principales de Thuringe
Marstallstraße 2
Tel. 0 36 43 / 39 33

Nietzsche-Archiv, Informationen über den Besucherservice der Stiftung Weimarer Klassik
Nietzsche Archives, information from the Stiftung Weimarer Klassik visitor service
Archives Nietzsche; renseignements auprès du Service d'accueil de la Stiftung Weimarer Klassik
Humboldtstraße 36
Tel. 0 36 43 / 6 43 86

Albert-Schweitzer-Begegnungsstätte
Albert Schweitzer Meeting House
Centre de rencontres Albert Schweitzer
Kegelplatz 4
Tel. 0 36 43 / 27 39

Thüringisches Landesamt für Archäologische Denkmalpflege (Museum für Ur- und Frühgeschichte Thüringens)
Thüringisches Landesamt für Archäologische Denkmalpflege (Museum of Prehistory and Ancient History)
Thüringisches Landesamt für Archäologische Denkmalpflege (Musée de la Préhistoire et de la Protohistoire de Thuringe)
Amalienstraße 6
Tel. 0 36 43 / 33 24

Deutsches Bienenmuseum
German Bee Museum
Musée allemand de l'Apiculture
Oberweimar, Ilmstraße 3
Tel. 0 36 43 / 6 10 32

Autonomes Cultur Centrum mit der Galerie „Goethe trifft Nina", wechselnde Ausstellungen, Veranstaltungen und Gastronomie
Autonomes Cultur Centrum and "Goethe trifft Nina" gallery. Changing exhibitions, events, restaurant
«Autonomes Cultur Centrum» et Galerie «Goethe trifft Nina». Expositions itinérantes; manifestations culturelles diverses et restaurant.
Burgplatz 1
Tel. 0 36 43 / 6 29 70

Weitere Galerien/Other galeries/Autres galeries:
UnArt, Rohlfsstraße 5; PROFIL (Kotzebue-Haus), Schloßgasse 6; C-Keller and Galerie Markt 21 e. V., Markt 21

An Weimars Peripherie
Around Weimar
A la périphérie de Weimar
Schloß und Park Belvedere, Rokokomuseum, Sammlung historischer Wagen, Orangerie
Schloss Belvedere and park, Rococo museum, collection of historic carriages, orangerie
Château et parc de Belvédère. Musée rococo; musée de calèches historiques; Orangerie
Tel. 0 36 43 / 6 40 39

Schloß und Park Tiefurt, Informationen über den Besucherservice der Stiftung Weimarer Klassik, Besichtigung des Schlosses möglich
Schloss Tiefurt and park: information from the Stiftung Weimarer Klassik visitor service, palace open to visitors
Château et parc de Tiefurt. Renseignements auprès du Service d'accueil de la Stiftung Weimarer Klassik, la visite est autorisée
Tel. 0 36 43/6 43 86

Wielandgedenkstätte Oßmannstedt
Ossmannstedt Wieland memorial
Mémorial Wieland
Oßmannstedt
Tel. 0 36 46 / 2 80

Schloß und Park Ettersburg, das Schloß ist nicht zu besichtigen. Kulturveranstaltungen in der Kirche, Open-Air-Veranstaltungen und im August Kulturwerkstatt
Schloss Ettersburg and park: contact via Kuratorium Schloss Ettersburg e. V., palace not open to visitors. Cultural events in the church, open air events and August cultural workshop

Château et parc d'Ettersburg; s'adresser au «Kuratorium Schloß Ettersburg e. V.». Le château est interdit au public; manifestations culturelles à l'intérieur de l'église; manifestations open-air et Atelier culturel en août
Tel. 0 36 43 / 29 75

Gedenkstätte Buchenwald Weimar
Buchenwald Memorial, Weimar
Mémorial de Buchenwald/Weimar
Tel. 0 36 43 / 43 00
Anmeldung/Visitor reception/
Visite sur rendez-vous:
Tel. 0 36 43 / 43 02 00

Öffentliche Verkehrsverbindungen:
Bus City-Linie von den P+R Parkplätzen in die Stadt und zurück. Busverkehr nach Belvedere, Tiefurt, Ettersburg und Buchenwald.
Public transport connections: City-Linie bus from the Park and Ride car parks into the town and back. Bus service to Belvedere, Tiefurt, Ettersburg and Buchenwald.
Bus «City-Linie» partant des parkings «park-and-ride» en direction du centre-ville et vice-versa. Des bus circulent également en direction du Belvédère, de Tiefurt, d'Ettersburg et de Buchenwald.

Touristenservice
Tourist service
Services touristiques
Stiftung Weimarer Klassik, Abteilung Besucherbetreuung/Museumspädagogik, Kartenverkauf und Informationen
Stiftung Weimarer Klassik, Abteilung Besucherbetreuung/Museumspädagogik. Tickets and information
Stiftung Weimarer Klassik; section «Besucherbetreuung/Museumspädagogik». Vente de billets et informations
Frauentorstraße 4
Tel. 0 36 43 / 6 43 86 + 6 43 87
Fax 0 36 43 / 41 98 16

Weimar-Information:
Zimmervermittlung, Weimar-Publikationen, Souvenirs, Informationen, aktuelle Veranstaltungshinweise und Stadtrundgänge
Accommodation, Weimar publications, souvenirs, information, details of current events and sightseeing walks round the town
Location de chambres; publications sur Weimar, souvenirs; informations, calendriers des manifestations du moment et tours de ville
Marktstraße 4
Tel. 0 36 43 / 21 73 + 6 56 90
Fax 0 36 43 / 6 12 40

Stadtführer-Agentur:
Programmgestaltung, Tagesprogramme und Kongreßplanung
Programme organisation, daily programmes and conference planning
Programmation de visites; Programmes quotidiens et organisation de congrès
Seifengasse 9
Tel. 0 36 43 / 5 37 33

Stadtrundfahrt WIKA, Abfahrt: Frauentorstraße, täglich zu jeder vollen Stunde
WIKA town sightseeing tours. Departures: Frauentorstrasse, daily every hour on the hour
Tours de ville WIKA. Départ: Frauentorstraße, chaque jour de la semaine, à heure pleine.
Steubenstraße 28
Tel. 0 36 43 / 5 95 26, Fax 0 36 43 / 5 96 25

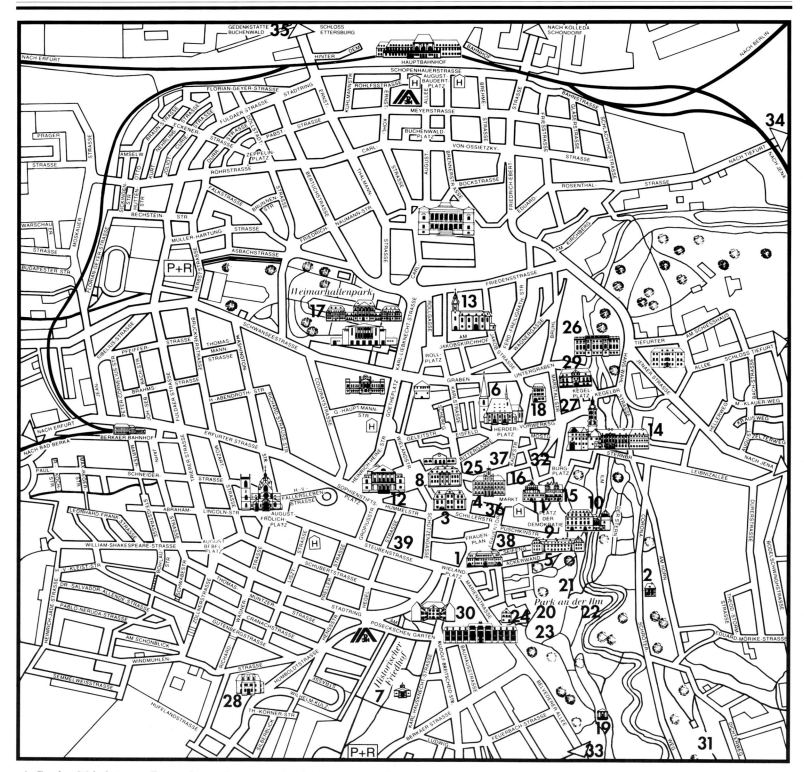

1 Goethes Wohnhaus am Frauenplan und Goethemuseum
2 Goethes Gartenhaus im Park an der Ilm
3 Schillers Wohnhaus mit Schillermuseum
4 Schillerwohnung mit Gedenktafel, Windischenstraße 8 (Zweite Wohnung Schillers, 1799–1802) und Frauentorstr. 21 (Erste Wohnung Schillers, 1787)
5 Haus der Frau von Stein
6 Stadtkirche St. Peter und Paul (Herderkirche) mit Herder-Denkmal
7 Historischer Friedhof mit Fürstengruft und russisch-orthodoxer Kapelle
8 Wittumspalais mit Wielandmuseum
9 Hochschule für Musik „Franz Liszt" (ehem. Fürstenhaus)
10 Herzogin Anna-Amalia-Bibliothek

11 Stadtverwaltung (früher Rotes Schloß)
12 Deutsches Nationaltheater Weimar mit Goethe-Schiller-Denkmal
13 Jakobskirche und Jakobsfriedhof (Kassengewölbe)
14 Kunstsammlungen zu Weimar, Schloßmuseum, Galerie im Schloß
15 Cranachhaus mit Verkaufs-Galerie
16 Stadthaus mit Restaurant „Ratskeller"
17 Stadtmuseum im Bertuchhaus
18 Kirms-Krackow-Haus
19 Im Park an der Ilm: Römisches Haus
20 Tempelherrenhaus (Ruine)
21 Borkenhäuschen
22 Shakespeare-Denkmal
23 Liszt-Denkmal
24 Liszt-Haus

25 Rathaus (Stadtverwaltung)
26 Goethe- und Schiller-Archiv
27 Thüringer Hauptstaatsarchiv Weimar
28 Nietzsche-Archiv
29 Albert-Schweitzer-Begegnungsstätte
30 Thüringisches Landesamt für Archäologische Denkmalpflege
31 Deutsches Bienenmuseum
32 Autonomes Cultur Centrum mit der Galerie „Goethe trifft Nina"
33 Schloß und Park Belvedere
34 Schloß und Park Tiefurt
35 Gedenkstätte Buchenwald Weimar
36 Stiftung Weimarer Klassik
37 Weimar-Information
38 Stadtführer-Agentur
39 Stadtrundfahrt WIKA